22
23
7
8
2
12
3
24
21
13
19
17

Aus der Fülle des Lebens...

...schöpfen wir alle, die wir an diesem Buch mitgearbeitet haben, unsere Ideen für die vielen schönen Projekte, die Sie nacharbeiten können.

Wir haben uns überlegt, was das Leben in den Herbst- und Wintermonaten so schön macht. Entstanden ist eine Mischung aus unterschiedlichen Handarbeiten, wie Stricken, Nähen und Sticken.

An erster Stelle steht Antje Therés Kral, die uns an den liebevollen Illustrationen ihrer Familie, vor allem ihrer Tochter Clara, teilhaben lässt. Eva-Maria Maier, die mit feinen Modellen aus Wolle allen Strickfans aus dem Herzen spricht. Wir von acufactum, die wir den Kreuzstich lieben und die zarten Stickereien entwickelt haben und die Nähprojekte kreierten. Zu guter Letzt Michèle Brunnmeier, die mit ihrem „Herzensblick“ die Modelle in Bildergeschichten verwandelt hat. Unser Dank geht auch an ihre Familie, die so wunderbar Modell in vielen Szenen gestanden hat.

Herzlichst Ihre

Ute Menze & Meike Menze-Stöter

Das bin ich! Clara.

Ihr kennt mich ja nun bereits! Auch im Herbst und Winter habe ich mit meinen Brüdern und Freunden wieder viele Abenteuer erlebt. Im stürmischen Herbstwind haben wir unsere bunten Drachen steigen lassen, danach am Kaminfeuer köstliche heiße Maroni verspeist, zugeschaut, wie sich die Meisen vor unserem Fenster um die Kuchenbrösel gezankt haben und als der erste Schnee gefallen ist, haben wir einen riesigen Schneemann gebaut... Und dann ist auch noch Lupinchen verschwunden! Aber ich will Euch nicht zu viel verraten! Meine Mama hat für Euch wieder alles so schön aufgezeichnet und ich werde Euch im Buch von so manchem Abenteuer erzählen...

Eure Clara ♡

Herbstliche Blätterkissen

Blätterkissen Nicki

Grösse
- Grösse 60 x 35 cm
- Schablone Nr. 1 Seite 89

Material
- 0,65 m Nickistoff taupe
- 0,15 m Leinenstoff altrosa
- 0,15 m Vliesofix
- Kisseninlett 60 x 35 cm

Zuschnitt
- Nickistoff: 62 x 95 cm

Anleitung

Versäubern Sie die kurzen Seiten mit einem Zickzackstich oder einem Overlockstich.
Schlagen Sie die Kanten 2,5 cm breit nach innen um und steppen Sie diese 2 cm breit ab.
Legen Sie sich das Kissen in der fertigen Größe zurecht (mit Hotelverschluss) und markieren Sie sich das Vorderteil.
Übertragen Sie die Schablone auf das Vliesofix, schneiden Sie die Form großzügig aus und bügeln Sie sie anschließend auf das Leinen.
Schneiden Sie die Form nun genau aus und bügeln Sie das Blatt rechts unten in die Ecke des markierten Vorderteils.
Steppen Sie die Kante mit einem schmalen dichten Zickzackstich ab.
Legen Sie den Stoff rechts auf rechts in Kissengröße übereinander und nähen Sie die Seiten zusammen.
Wenden Sie den Kissenbezug und ziehen Sie ihn über das Inlett.

Blätterkissen Nicki

Grösse
- Grösse 45 x 45 cm
- Schablone Nr. 1 Seite 89

Material
- 0,50 m Nickistoff natur
- 0,15 m Leinenstoff altrosa
- 0,15 m Vliesofix
- Kisseninlett 45 x 45 cm

Zuschnitt
- Nickistoff: 47 x 115 cm

Anleitung

Nähen Sie das Kissen, wie in der Anleitung zuvor beschrieben.

Blätterkissen mit Stickerei

Grösse
- Grösse 50 x 50 cm
- Stickereigrösse 50 x 8 cm
- Stickmuster Seite 82

Material
- 0,55 m Zählleinen silber
- 0,35 m Leinenstoff altrosa
- 0,55 m Vlieseline weiss
- 2,20 m Kordel
- Reissverschluss 40 cm lang
- Kisseninlett 50 x 50 cm

Zuschnitt
- Leinen: 52 x 52 cm (Vorderteil)
- Leinenstoff altrosa:
  2 Stück 52 x 27 cm (Rückenteile)
  und 2 Stück 110 x 4 cm (Paspel)

Anleitung

Sticken Sie das Stickmuster mittig 16 cm vom oberen Rand entfernt im Kreuzstich auf das Leinen.
Bügeln Sie die Stickerei und bügeln Sie anschließend Vlieseline hinter die Stickerei.
Nähen Sie den Reißverschluss in die Rückenteil-Zuschnitte.
Nähen Sie die Paspel-Zuschnitte zu einem langen Band zusammen.
Falten Sie die langen Seiten anschließend aufeinander, legen Sie die Kordel in die Bruchkante und steppen Sie neben der Kordel die Stoffe aufeinander.
Nähen Sie nun Vorder- und Rückenteil mit der Paspel dazwischen zusammen.
Wenden Sie den Kissenbezug und ziehen Sie ihn über das Inlett.

Feiner Türkranz

Grösse

- Durchmesser ca.35 cm

Material

- 3,60 m Webband Blättergirlande
- 2,40 m Ripsband „Chambray“ grün
- 1,20 m Ripsband „Chambray“ rot
- 1,20 m Samtband graubraun 5 mm breit
- 6 Tannenzapfen
- Astkranz Durchmesser ca. 35 cm
- Heissklebepistole

Anleitung

Nähen Sie das Webband mittig auf dem roten Ripsband fest. Das restliche Webband nähen Sie mittig auf dem grünen Ripsband fest. Halbieren Sie das grüne Band anschließend.
Nähen oder kleben Sie alle Schnittkanten 1 cm breit nach links um.
Kleben Sie mit der Heißklebepistole die Tannenzapfen an diesen Enden fest.
Teilen Sie das Samtband in sechs gleichgroße Teile, binden Sie die einzelnen Teile zu Schleifen und kleben Sie diese am Tannenzapfen auf dem Band fest.
Fassen Sie die Bänder nun mittig und lassen Sie die Zapfen links und rechts hinunterhängen. Ziehen Sie ggf. den ein oder anderen Zapfen etwas hinunter, so dass die Zapfen in verschiedenen Höhen hängen.
Die Mitte der Bänder ziehen Sie nun als Schlaufe von hinten nach vorne durch den Kranz. Danach müssen Sie alle Zapfen durch diese Schlaufe führen. Ziehen Sie die Schlaufe zusammen und lassen Sie die Zapfen vorne über dem Kranz herunterhängen.

Den ganzen schönen Sommer lang haben wir im Garten gespielt, als es ganz heiß war in der großen Zinkwanne geplanscht wie verrückt und Mamas leckerstes selbstgemachtes Himbeereis geschleckt. Nun ist schon wieder der Herbst da und die Blätter werden überall ganz bunt. Mein Bruder Albrecht geht jetzt auch schon in die Schule und hat viele Hefte, Kreiden und Stifte bekommen, aber ich darf sie nicht benutzen… Das ist NUR für Schulkinder, sagt er. Das finde ich ein bisschen gemein. Aber morgen wollen wir zusammen bunte Drachen basteln, das ist fein!

Kleine Laternen

Grösse
- Klein Höhe 10,5 cm, Durchmesser 6 cm
- Gross Höhe 13 cm, Durchmesser 7 cm

Material
- 0,15 m Leinenstoff hellgrau
- 0,15 m Leinenstoff graubraun
- 0,15 m Leinenstoff altrosa
- 0,90 m Webband Blättergirlande
- biegsamen Draht (Durchmesser ca. 3 mm)
- Seitenschneider

Zuschnitt
- Leinenstoff hellgrau: 24 x 15 cm (gross)
- Leinenstoff graubraun: 22 x 13 cm (klein)
- Leinenstoff altrosa: 22 x 13 cm (klein)

Anleitung

Versäubern Sie alle Kanten mit einem Zickzackstich oder einem Overlockstich.

Schlagen Sie die langen Seiten 1 cm nach hinten um und steppen Sie die Kante 0,75 cm breit ab.

Nähen Sie das Webband 2,5 cm von der oberen Kante entfernt auf den Leinenstoff.

Nähen Sie nun die kurzen Seiten rechts auf rechts zusammen, legen Sie die Nahtzugabe zu einer Seite und fixieren Sie sie oben und unten mit einigen Stichen.

Schneiden Sie den Anfang des Drahtes spitz zu und führen Sie ihn unten durch den Saum, beginnen Sie dabei neben der Naht. Da das Leinen grob gewebt ist, können Sie den Draht durch das Gewebe führen ohne es zu beschädigen. Formen Sie den Draht beim Hindurchführen zu einem Kreis.

Führen Sie auch oben den Draht durch den Saum. Lassen Sie den Draht gegenüberliegend von der Naht an die Oberfläche kommen, so dass Sie dort anschließend den Henkel einhaken können.

Für den Henkel formen Sie an einem Ende des Drahtes einen kleinen Haken, den Sie an einer Seite der Laterne einhängen und anschließend schließen. Wiederholen Sie dies an der anderen Laternenseite.

TIPP!

Wir haben die Beleuchtung der Hernhuter Sterne verwendet. Fixieren Sie die Lämpchen an den Henkeln der Laternen, so können diese bequem beleuchtet werden.

Ach, wie herrlich
der Herbstwind heute bläst!

Wendemützen für Entdecker...

Grösse
- Kopfumfang 50 - 55 cm
- Schablone Nr. 12 A + B Seite 90

Material
- 0,35 m Nickistoff taupe
- 0,35 m Nickistoff hell türkis
- 0,50 m Webband Drachen

Anleitung
Übertragen Sie die Schablone einmal im Bruch auf beide Stoffe und schneiden Sie die Teile plus Nahtzugabe zu.
Nähen Sie die beiden äußeren Einkerbungen rechts auf rechts aufeinander. (Bild 1)
Anschließend legen Sie die andere Einkerbung rechts auf rechts. Schließen Sie die Naht zusammen mit der Seitennaht.
Nähen Sie so Außen- und Innenteil. Beim Innenteil lassen Sie an der Seitennaht eine Wendeöffnung frei. (Bild 2)
Von der oberen Mitte über die Seitennaht nähen Sie das Drachenband auf das Außenteil der Mütze.
Legen Sie Außen- und Innenteil rechts auf rechts ineinander und nähen Sie die Teile zusammen.
Wenden Sie die Mütze auf rechts und schließen Sie die Wendeöffnung.

Für die rote Mütze haben wir folgendes Material verwendet: 0,35 m Nickistoff kirschrot, 0,35 m Nickistoff pinkrot, Webband Drachen

Bei Bedarf passen Sie die Größe der Schablone an den Kopfumfang an.

...mit passenden Wendeschals:

Grösse
- 29 x 25 cm
- Schablone Nr. 26 Seite 93

Material
- 0,25 m Nickistoff taupe
- 0,25 m Nickistoff hell türkis
- 0,10 m Webband Drachen

Anleitung
Übertragen Sie die Schablone (1 cm Nahtzugabe ist enthalten) zweimal im Bruch auf beide Stoffe.
Legen Sie die Zuschnitte gleicher Farbe rechts auf rechts aufeinander und nähen Sie die Teile an den Seiten zusammen, lassen Sie im Innenteil an einer Seite eine Wendeöffnung frei.
Legen Sie nun Außen- und Innenteil rechts auf rechts und nähen Sie die noch offenen Seiten zusammen.
Wenden Sie den Stülpschal auf rechts und schließen Sie die Wendeöffnung, nähen Sie dabei das Webband als Fähnchen mit fest.

Für den roten Stülpschal haben wir folgendes Material verwendet:
0,25 m Nickistoff kirschrot, 0,25 m Nickistoff pinkrot, 0,10 m Webband Drachen

TIPP!
Mützen und Schals
können gewendet und
beidseitig getragen
werden!
Bild 1
Bild 2

Herbstdrachen überall!

Wir haben die schönsten Drachen gebastelt, die man sich nur vorstellen kann. Danach sind wir gleich raus aus aufs Feld gelaufen und haben sie steigen lassen. In diesem herrlichen Herbstwind sind sie wie wild in der Luft herumgetanzt und haben wie verrückt mit ihren langen Schwänzen gewedelt - Lotta und Rudi, unsere beiden Welpen, sind uns vor lauter Aufregung bellend um die Beine gesprungen und haben mich fast umgerissen. Das war ziemlich lustig.

Deckchen mit Stickerei

Grösse
- 62 x 27 cm
- Stickereigrösse 27,5 x 19 cm
- Stickmuster Seite 80 + 81

Material
- 0,40 m Zählleinen silber

Zuschnitt
- Leinen: 72 x 37 cm

Anleitung
Sticken Sie das Stickmuster 24 cm von links und 14 cm von unten entfernt im Kreuzstich auf das Leinen.
Bügeln Sie die Stickerei und säumen Sie anschließend das Leinen mit einer 2,5 cm breiten Briefecke.

Drachengirlande

Grösse
- 0,10 m Leinenstoff graubraun
- 0,10 m Leinenstoff altrosa
- 0,10 m Leinenstoff mint
- 0,10 m Leinenstoff beere
- 3,00 m feine Kordel

Material (Zuschnitt pro Fähnchen)
- Leinenstoff: 10 x 5 cm

Anleitung
Schneiden Sie sich aus den verschiedenen Stoffen ausreichend Fähnchen zu.
Bilden Sie mit der Kordel eine Schlaufe, legen Sie das Fähnchen mittig dazwischen, ziehen Sie die Schlaufe zusammen und fixieren Sie dies mit einem weiteren Knoten. Tipp: Knoten Sie die Fähnchen von der Mitte nach außen an der Kordel fest.

Herbstzeit ist Kürbiszeit ♡

Grösse
- Klein Höhe 10 cm, Durchmesser 13 cm
- Mittel Höhe 13 cm, Durchmesser 17 cm
- Gross Höhe 16 cm, Durchmesser 19 cm

- Schablone Nr. 33 Seite 93

Material
- Nickistoff
- Leinenstoff
- Baumwollstoff
- Füllwatte
- Wolle zum Abbinden
- lange stumpfe Nadel

Zuschnitt für einen Kürbis
- Klein: 35 x 17 cm
- Mittel: 50 x 22 cm
- Gross: 55 x 30 cm

Achtung: Nicht elastische Stoffe (Leinen- und Baumwollstoff) sollten im schrägen Fadenlauf zugeschnitten werden!

Anleitung
Falten Sie die kurzen Seiten des Zuschnittes rechts auf rechts und nähen Sie die Stofflagen zusammen (Bild 1).
Reihen Sie die eine Schnittkante mit doppeltem Faden. Raffen Sie den Stoff dicht zusammen und vernähen Sie den Faden gut (Bild 2).
Wenden Sie nun den Stoff und reihen Sie die andere Seite mit doppeltem Faden (Bild 3).
Stopfen Sie den Kürbis ausreichend mit Füllwatte und raffen Sie anschließend die offene Seite zusammen. Vernähen Sie auch hier den Faden gut.
Binden Sie nun den Kürbis mit einem Wollfaden ab. Vernähen Sie dazu den Fadenanfang in der Mitte der Kräuselung und binden Sie den Kürbis durch die Mitte fest ab.
Vernähen Sie das Fadenende.
Für den Strunk übertragen Sie die Schablone auf doppeltliegenden Stoff. Nähen Sie die Stofflagen auf der Kontur zusammen, schneiden Sie die Nahtzugabe zurück und wenden Sie den Strunk.
Füllen Sie den Strunk gut mit Füllwatte und nähen Sie ihn anschließend in der Mitte des Kürbisses fest.

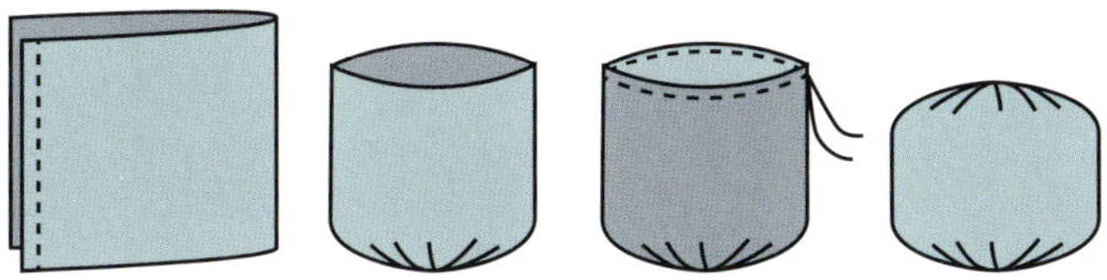

Bild 1 Bild 2 Bild 3 Bild 4

Elegant & kuschelwarm – Damenloop

Material
- 8 Knäuel „Catalina" petrol
- Stricknadel Stärke 10

- Lauflänge „Catalina" 50 g/ 50 m

Anleitung
Der Loop wird im Rillenmuster (2 Maschen rechts, 1 Masche links) gestrickt. Die Maschenzahl muss durch drei teilbar sein + 2 Randmaschen.

Schlagen Sie 50 Maschen an (48 Maschen + 2 Randmaschen). Stricken Sie erst die Randmasche, dann das Rillenmuster (2 M re, 1 M li) bis zum Ende, als letztes wieder die Randmasche. Die Rückreihe genauso stricken. Dadurch versetzen sich die Maschen und es entsteht ein Rillenmuster.
Verstricken Sie die komplette Wolle und ketten Sie die Maschen ab.
Nähen Sie Anfang und Ende zusammen und vernähen Sie die Fadenenden.

TIPP!
Den schönen Jacquard-Stoff für das Kleid finden Sie auch in unserem Shop!

Handarbeitskörbchen

Grösse
- klein Höhe 8 cm, Durchmesser 22 cm
- gross Höhe 9 cm, Durchmesser 30 cm

Material
- 0,50 m Leinenstoff graubraun
- 0,50 m Leinenstoff altrosa
- 0,40 m Leinenstoff kirschrot
- 0,10 m Leinenstoff braun
- 1,70 m Webband Wollknäuel
- 0,50 m Volumenvlies beidseitig zum Aufbügeln

Zuschnitt
- Leinenstoff graubraun: 50 x 50 cm (gross) und 40 x 40 cm (klein)
- Leinenstoff altrosa: 50 x 50 cm (gross)
- Leinenstoff kirschrot: 40 x 40 cm (klein)
- Leinenstoff braun: 2 Stück 140 x 5 cm (Einfassband)

Anleitung
Erstellen Sie sich eine Kreisschablone mit einem Durchmesser von 37 cm (klein) und 45 cm (groß).
Bügeln Sie jeweils die großen und die kleinen Zuschnitte mit dem dazwischenliegenden Volumenvlies aufeinander.
Übertragen Sie die Schablone auf den passenden Stoff und schneiden Sie den Kreis anschließend aus.
Steppen Sie den Kreis zweimal rundherum mit einem weiten Steppstich ab und raffen Sie die Kante anschließend zusammen.
Nähen Sie das Einfassband von der Innenseite rundherum an die geraffte Kante, den Anfang dabei einschlagen.
Legen Sie das Einfassband nun eingeschlagen auf die Außenseite. Fixieren Sie das Band mit Stecknadeln und nähen Sie von der Innenseite im Nahtschatten des Einfassbandes mit einem dichten Stich fest.
Nähen Sie das Webband nun von außen an der oberen Seite des Bandes fest. Tipp: Damit sich das Band einfacher festnähen lässt fixieren Sie es vorher mit etwas Textilkleber.

Wir haben das Band nur an der oberen Seite festgenäht, damit es durch die darunterliegende Raffung nicht unschöne Wellen wirft. Wenn Sie mögen können Sie das Band natürlich auch unten festnähen.

Ich mag das so gern, wenn es draußen so stürmt, dann machen wir es uns drinnen ganz gemütlich. Das Kaminfeuer prasselt und knistert, Mama strickt schöne neue Sachen für uns und für meine Puppen, wir trinken heißen Kakao und manchmal liest mein großer Bruder Johann mir aus meinem Lieblingsbuch vor. Dann bin ich ganz still und höre zu und Lotta kuschelt sich auf meinen Schoß. Ich spiele dabei gerne mit den vielen bunten Wollknäulen, die sind so schön weich und man kann daraus prima Türme bauen...

Maße Pullunder in cm

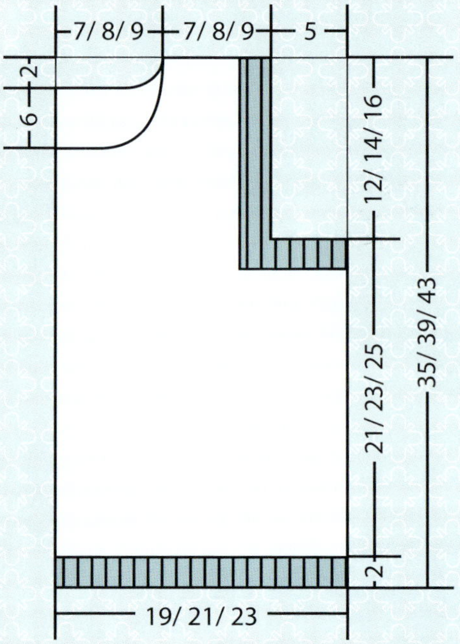

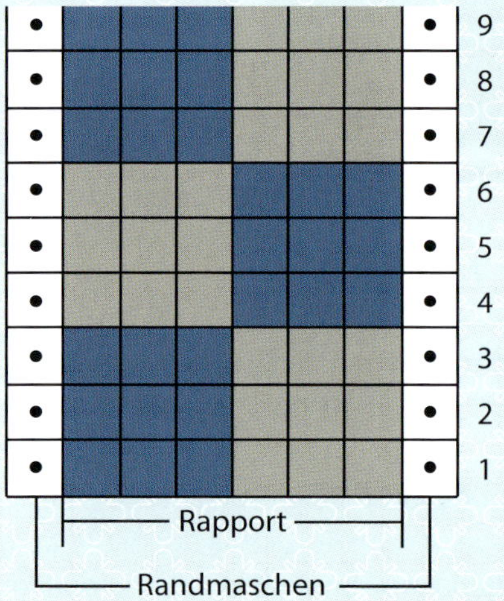

Bereit für jedes neue Abenteuer!

Ein Pullunder für Paul

Grösse
- 110 / 122 / 134

Material
- 3 Knäuel „Cusco“ taubenblau
- 1 Knäuel „Cusco“ perlgrau
- Stricknadel Stärke 4
- Nadelspiel Stärke 4
- 2 Webetiketten

- Lauflänge „Cusco“ 50 g/ 85 m
- Maschenprobe:
  Cusco 10 x 10 cm = 22 M x 30 R

Anleitung

Schlagen Sie mit dem perlgrau 89/ 95/ 101 Maschen an. (Maschenzahl durch drei teilbar + 2 Randmaschen).
Stricken Sie 2 cm im Bündchenmuster (1 Masche rechts, 1 Masche links).
Danach über 2 cm glatt rechts (Hinreihe rechts, Rückreihe links) stricken.
Beginnen Sie jetzt in perlgrau mit dem Einstrickmuster, siehe Skizze.
Anschließend stricken Sie in taubenblau über 13/ 15 / 17 cm glatt rechts weiter.
Für den Armausschnitt stricken Sie über 6 Reihen:
1 Randmasche (Rdm), *1 M re, 1 M li* (*...* neunmal wiederholen) = 18 Maschen, 51, 57, 63 M glatt rechts, * 1 M li, 1 M re* (*...* neunmal wiederholen) = 18 Maschen, 1 Rdm.
Danach an beiden Seiten 12 Maschen abketten = 65/71/77 M. Anschließend die Maschen stricken wie sie erscheinen.
Für den hinteren Halsausschnitt nach 10/ 12/ 14 cm die mittleren 23 Maschen stilllegen. Beidseitig davon in jeder 2. Reihe einmal 2 Maschen und einmal 1 Masche abketten.
Nach weiteren 2 cm jeweils die Schulternähte abketten.

Vorderteil:
Stricken Sie das Vorderteil wie das Rückenteil, beginnen Sie jedoch im Einstrickmuster mit dem taubenblauen Garn. (So wird ein Farbwechsel beim Zusammennähen der Teile erzielt.)
Für den vorderen Halsausschnitt nach 6/ 8/ 10 cm ab dem Armausschnitt gemessen, wieder die mittleren 23 Maschen stilllegen. Beidseitig davon in jeder 2. Reihe einmal 2 Maschen und einmal 1 Masche abketten.
Nach weiteren 6 cm jeweils die Schulternähte abketten.

Halsausschnittblende:
Nähen Sie die Schulternähte zusammen.
Die 23 Maschen des Vorderteils auf eine Nadel des Nadelspiels legen. Danach seitlich 16 Maschen mit neuem Faden auf die zweite Nadel aufnehmen. Die 23 Maschen des Rückenteil auf die dritte Nadel legen und abschließend an der andere Seite weitere 16 Maschen mit neuem Faden auf die vierte Nadel aufnehmen = 78 Maschen.
Nun mit taubenblau 3 Reihen im Bündchenmuster (1 M re, 1 M li) stricken.
Danach in perlgrau 8 Reihen glatt rechts stricken (Rollrand), anschließend die Maschen abketten.
Nähen Sie die Seitennähte zusammen, vernähen Sie alle Fäden und dämpfen Sie den Pullunder vorsichtig.
Verzieren Sie den Pullunder mit den Webetiketten.

Clara bittet zu Tisch!

Grösse

- 160 x 21 cm
- Schablone Nr. 15 Seite 91

Material

- 0,15 m Leinenstoff hellgrau
- 0,15 m Leinenstoff graubraun
- 0,15 m Leinenstoff braun
- 0,15 m Leinenstoff blau
- 1,80 m Webband Schlehe
- 1,60 m Rüschenband „Gritty“ grau
- 3,00 m Schrägband taupe-weiss kariert

Wir haben schon den ganzen Sommer lang Marmeladen gekocht. Aus Holunderblüten und Rhabarber, aus Johannisbeeren und Stachelbeeren, Maulbeeren und Kirschpflaumen... das wächst alles in unserem verzauberten Garten. Aber davon erzähle ich Euch das nächste Mal... Paul, Johann und Albrecht haben jedenfalls mitgeholfen und zur Belohnung hat Mama uns unseren Lieblingskuchen gebacken. Ich liebe nämlich Kuchen! Die letzten Brösel haben wir auf einem Teller auf die Terrasse gestellt für die Meisen. Kaum stand das draußen kamen sie auch schon angeflogen und haben Ratzfatz alles weggepickt. Die haben gar keine Angst vor uns, weil sie wissen, dass wir gut zu ihnen sind.

Wimpelkette mit Schlehen

Anleitung

Übertragen Sie die Schablone (1 cm Nahtzugabe ist enthalten) pro Farbe sechsmal auf den Stoff und schneiden Sie die Form aus.

Nähen Sie auf drei Zuschnitte einer Farbe 3,5 m von oben das Webband auf.

Legen Sie nun die anderen Zuschnitte der Farbe rechts auf rechts auf die Zuschnitte mit Webband und nähen Sie die Stofflagen mit einem dichten Stich zusammen. Lassen Sie die obere Kante frei.

Schneiden Sie die Nahtzugabe in der Spitze zurück, wenden Sie die Wimpel und bügeln Sie sie anschließend.

Nähen Sie nun die Wimpel mit dem Rüschenband zwischen das Schrägband. Die Enden des Schrägbandes nach innen einschlagen.

Damenweste

Material
- 4 Knäuel „Cusi“ jeans
- Stricknadel Stärke 3,5

- Lauflänge „Cusi“ 50 g/ 225 m
- Maschenprobe: „Cusi“ 10 x 10 cm = 21 M x 29 R

Anleitung
Schlagen Sie 105 Maschen an.
Stricken Sie glatt links, d.h. Hinreihe links stricken und Rückreihe rechts stricken (ohne Randmaschen). Die Seite mit den linken Maschen ist später die rechte Warenseite!
Stricken Sie 160 cm lang und ketten Sie die Maschen ab.
Spannen Sie das fertige Strickstück unter ein feuchtes Tuch in Form und lassen Sie es trocknen.
Nähen Sie Anfang und Ende zusammen, es entsteht ein Zylinder.
Legen Sie den Stoff rechts auf rechts aufeinander, so dass die Naht mittig liegt. (siehe Skizze)
Nähen Sie nun eine Seite mittig über 40 cm zusammen. An den Seiten bleiben je 20 cm Öffnungen für die Arme frei.

Da die Weste glatt links gestrickt ist, rollen Sich die Kanten leicht ein, wodurch ein gewünschter Effekt entsteht.

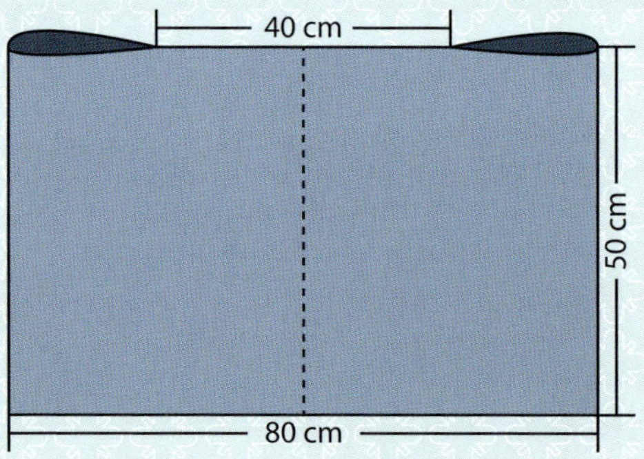

Damenrock

Grösse
- 38/40 Länge ca. 51 cm

Material
- 4 Knäuel „Cusco“ perlgrau
- 1 Knäuel „Cusi“ perlgrau
- 1 Knäuel „Piura“ perlgrau
- Elastischer Beilauffaden
- Rundstricknadel Stärke 4

- Lauflänge „Cusco“ 50 g/ 85 m
- Lauflänge „Cusi“ 50 g/ 225 m
- Lauflänge „Piura“ 50 g/ 400 m
- Maschenprobe: „Cusco“ 10 x 10 cm = 22 M x 30 R

Anleitung
Schlagen Sie 200 Maschen mit der „Cusco“-Wolle und dem elastischen Beilauffaden an.
Der Rock wird rund gestrickt.
Stricken Sie 11 cm im Bündchenmuster (2 Maschen rechts, 2 Maschen links).
Danach glatt rechts weiterstricken ohne Beilauffaden.
Stricken Sie wie folgt:
9. Reihen „Cusco“
8. Reihen „Cusi“
9. Reihen „Cusco“
8. Reihen „Cusi“
9. Reihen „Cusco“
8. Reihen „Cusi“
9. Reihen „Cusco“
10. Reihen „Piura“
9. Reihen „Cusco“
8. Reihen „Cusi“
10. Reihen „Piura“
9. Reihen „Cusco“
Anschließend mit „Piura“ alle Maschen verdoppeln, d.h. 1 M re, 1 Umschlag) = 400 Maschen.
Über 4,5 cm mit „Piura“ glatt rechts stricken.
Abschließend eine Reihe in „Cusi“ stricken, dann die Maschen abketten.
Vernähen Sie die Fadenenden und dämpfen Sie den Rock vorsichtig.
Für die Größe 34/ 36 schlagen Sie 188 Maschen an.
Für die Größe 42/ 44 schlagen Sie 212 Maschen an.

TIPP!

Wenn Sie eine Kordel mit Bommel einarbeiten möchten, stricken Sie wie in Anleitung „Mädchenrock“ von Seite xx beschrieben eine Lochreihe nach 3 Reihen Bündchenmuster.

Überraschungen im Advent!

Ob diese Adventszeit! Ich kann es kaum aushalten, so spannend ist das! Jeden Tag passiert etwas im Haus! Ich glaube nachts kommen immer die Engel und machen hier irgendwas… Hier ein neuer Zapfen, da ein neuer Edelstein, ein kleines Licht… und manchmal verschwinden auch Sachen, das finde ich aber nicht so toll. Aber wir haben jeder einen Kalender mit Säckchen dran und jeden Tag dürfen wir eins pflücken und dann finden wir eine Überraschung darin. Ich springe früh aus dem Bett und renne sofort hin, weil ich so neugierig bin.

Adventssäckchen

Grösse

- 13 x 17 cm
- Stickereigrösse Höhe 3 cm
- Schablone Nr. 9 Seite 90

Material

- 0,10 m Zählleinen silber
- 0,45 m Leinenstoff graubraun
- 0,45 m Leinenstoff braun
- 1,50 m Webband Ornamente gold
- 1,50 m Rüschenband braun
- 0,60 m Volumenvlies
- 0,10 m Vliesofix
- Textilkleber

Zuschnitt (inkl. 1 cm Nahtzugabe)

- Zählleinen: 4 Stück 10 x 10 cm
- Leinenstoff graubraun:
  8 Stück 21 x 27 cm (Aussenteil)
- Leinenstoff braun: 8 Stück 21 x27 cm (Futter)

Anleitung

Sticken Sie die Zahlen 1-4 (Seite 81) im Kreuzstich mittig auf das Leinen und bügeln Sie das Vliesofix hinter das Leinen.
Übertragen Sie die Kreis-Schablone mittig über die Zahlen und schneiden Sie die Kreise anschließend aus.
Bügeln Sie hinter die Außenteil-Zuschnitte das Volumenvlies.
Bügeln Sie mittig 6 cm von unten entfernt die Zahlenkreise auf vier der Außenteile. Fixieren Sie die Kanten mit einem schmalen dichten Zickzackstich.
Nähen Sie nun an einer kurzen Seite das Futter mit dem Außenteil rechts auf rechts zusammen (Bild 1).
Anschließend falten Sie das Teil auseinander und nähen das Webband 2,5 cm von der Naht entfernt auf das braune Leinen.
Legen Sie zwei zusammengenähte Teile rechts auf rechts und nähen Sie diese rundherum zusammen, lassen Sie im Futter eine Wendeöffnung frei (Bild 2).
Nähen Sie nun an allen Ecken den Boden 6 cm breit ab, indem Sie die Seitennaht auf die Bodennaht legen und im rechten Winkel 6 cm breit abnähen (Bild 3).
Schneiden Sie den überschüssigen Stoff in den Ecken ab.
Wenden Sie das Säckchen und schließen Sie die Wendeöffnung.
Kleben Sie mit Textilkleber das Rüschenband an die Kante des Außenteils.
Krempeln Sie die Kante ca. 4 cm breit um.

Bild 1 Bild 2 Bild 3

Weihnachtszauber im ganzen Haus

Stern im Kranz

Grösse

- 30 cm

Material

- 0,20 m Leinenstoff kirschrot
- 1,20 m Webband Geschenke
- Füllwatte
- ca. 10 unterschiedlich grosse Holzspulen
- Kranz Durchmesser 30 cm

Anleitung

Für den Stern siehe Anleitung Adventstablett von Seite 67.
Die Spulen umwickeln Sie mit dem Webband und fixieren Sie anschließend an dem Kranz.
Der Stern wird in der Mitte des Kranzes befestigt.

Wimpel Frohes Fest

Grösse

- 10 x 18 cm
- Stickereigrösse 6 x 9 cm
- Stickmuster Seite 81
- Schablone Nr. 6 Seite 90

Material

- 0,15 m Zählleinen silber
- 0,15 m Vlieseline weiss
- 1 Öse Durchmesser ca. 5 mm
- 1,00 m Webband Tannen und Geschenke

Zuschnitt

- Zählleinen: 2 Stück 15 x 22 cm

Anleitung

Sticken Sie das Stickmuster mittig im Kreuzstich auf das Leinen und bügeln Sie die Vlieseline hinter die Leinenzuschnitte.
Übertragen Sie die Schablone mittig über die Stickerei.
Legen Sie die Zuschnitte rechts auf rechts und nähen Sie diese auf der Umrisslinie mit einem dichten Stich zusammen, lassen Sie an der Seite eine Wendeöffnung frei.
Schneiden Sie die Nahtzugabe zurück. In den Ecken bis vor die Naht einschneiden und an den Spitzen weiter zurück schneiden.
Wenden Sie den Wimpel, schließen Sie die Wendeöffnung und steppen Sie die Kante 0,75 cm breit ab.
Schlagen Sie die Öse mittig in den Wimpel und ziehen Sie das Webband hindurch.

ÜBERRASCHUNG!

Sternkissen

Grösse

- klein Durchmesser 31 cm
- gross Durchmesser 44 cm
- Schablone Nr. 29 und 32 Seite 93

Material

- pro Stern klein
- Nickistoff: 2 Stück 35 x 35 cm
- Füllwatte

- pro Stern gross
- Nickistoff oder Baumwolljacquard: 2 Stück 50 x 50 cm
- Füllwatte

Anleitung

Übertragen Sie die jeweilige Schablone auf den Stoff und legen Sie anschließend die beiden Zuschnitte rechts auf rechts.
Nähen Sie die Stofflagen auf der Umrisslinie zusammen, lassen Sie eine Wendeöffnung frei.
Schneiden Sie die Nahtzugabe rundherum zurück, in den Ecken ein und an den Spitzen knapp zurück.
Wenden Sie den Stern und füllen Sie ihn mit Füllwatte. Achten Sie darauf, dass Sie nicht so stark die Kanten ausfüllen, da der Stern noch 1 cm breit abgesteppt wird.
Schließen Sie nun die Wendeöffnung und steppen Sie den Stern rundherum ab.

Mäusefamilie

Grösse

- klein 10,5 x 5 cm
- gross 12,5 x 7 cm
- Schablone Nr. 10 a - c Seite 90 (klein)
- Schablone Nr. 11 a - c Seite 90 (gross)

Material

- 0,10 m Nickistoff taupe
- 0,10 m Nickistoff kirschrot
- 0,10 m Baumwollstoff Pünktchen natur-schwarz
- 0,10 m Baumwollstoff Pünktchen natur-rot
- Wollgarn
- schwarze Perlen
- Füllwatte

Anleitung

Übertragen die Schablonen auf den jeweiligen Stoff und schneiden Sie die Teile mit 5 mm Nahtzugabe aus. Die Ohren werden ohne Nahtzugabe zugeschnitten.
Nähen Sie die beiden Seitenteile an der Rundung zusammen (Bild 1).
Stecken Sie das zusammengenähte Oberteil an dem Unterteil rechts auf rechts gleichmäßig fest. Nähen Sie die Stofflagen zusammen, lassen Sie an der Seite eine Wendeöffnung frei und nähen Sie ein Stück Wollfaden als Schwanz mit fest (Bild 2).
Wenden Sie die Maus auf rechts, füllen Sie sie gut mit Füllwatte und schließen Sie anschließend die Wendeöffnung.
Nähen Sie die Ohren von Hand an die Maus. Die Perlen nähen Sie als Augen an der Maus fest.

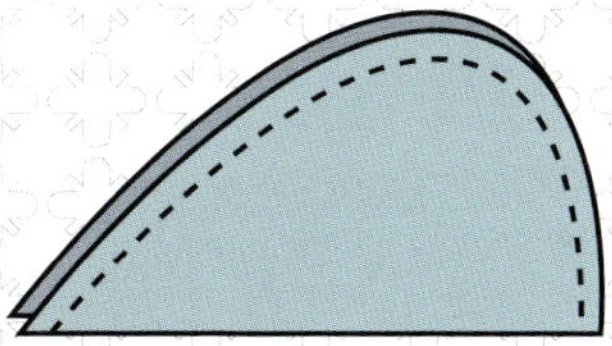

Bild 1

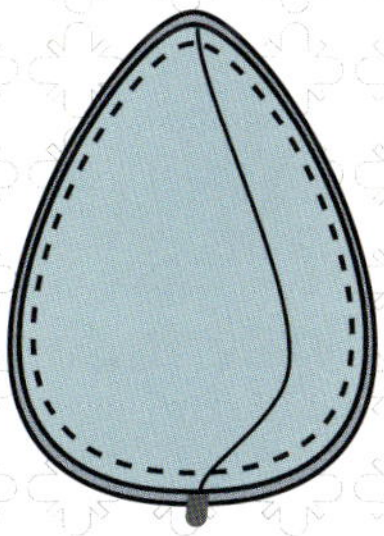

Bild 2

TIPP!
Als kleine Mäusefamilie sind sie ein echter Hingucker.

Adventsstiefel

Grösse
- 21 x 55 cm
- Stickereigrösse 17 x 14,5 cm
- Stickmuster Seite 86
- Schablone Nr. 16 A - C Seite 91

Material
- 0,30 m Zählleinen silber
- 0,50 m Vlieseline weiss
- 0,20 m Webband Christrose
- 0,20 m Ripsband graubraun 15 mm breit

Zuschnitt
- Leinen: 2 Stück 30 x 70 cm

Anleitung
Sticken Sie das Stickmuster mittig ca. 13,5 cm von der oberen Kante entfernt auf einen Zuschnitt.
Bügeln Sie die Vlieseline hinter beide Zuschnitte.
Übertragen Sie die Schablone mittig über die Stickerei.
Nähen Sie die Stofflagen auf der Umrisslinie zusammen, lassen Sie die obere Kante frei.
Schneiden Sie die Nahtzugabe auf 1 cm zurück, an der oberen Kante 2 cm Nahtzugabe lassen und schneiden Sie die Nahtzugabe in den Rundungen etwas ein.
Säumen Sie die obere Kante 1 cm breit.
Nähen Sie das Webband mit dem Ripsband als Aufhängung an dem Stiefel fest.

Stellt Euch vor, nun ist Lupinchen, mein Kuschelhase, verschwunden! Ich habe ihn überall gesucht. Unter meinem Bett und im ganzen Zimmer, sogar im ganzen Haus und in den Kleiderschränken, aber er bleibt verschwunden. Diese Engel! Aber Lupinchen hat einen Zettel dagelassen mit einem Bild drauf, damit ich mir nicht so viele Sorgen mache. Nun kann ich es kaum erwarten, dass er wieder kommt und ich hoffe, er kommt mit dem Christkind wieder zurück. Vielleicht kann er dann was erzählen von seinen Erlebnissen in der Ferne? Das hoffe ich sehr!

Claras lustige Winterfreuden!

Damenhandschuhe

Material
- 3 Knäuel „Puno“ seidengrau
- Nadelspiel Stärke 6

Material für Bommel
- 1 Knäuel „Cusco“ perlgrau
- 1 Knäuel „Cusco“ rosa
- Häkelnadel Stärke 5

- Lauflänge „Puno“ 50 g/ 60 m
- Lauflänge „Cusco“ 50 g/ 85 m
- Maschenprobe „Puno“: 10 x 10 cm = 15 M x 22 R

Anleitung

Schlagen Sie 28 Maschen an und verteilen Sie sie gleichmäßig auf die vier Nadeln, es wird in Runden gearbeitet.
Stricken Sie 8 cm im Bündchenmuster (2 Maschen rechts, 2 Maschen links).
Anschließend 8 Runden glatt rechts stricken.
Für den Daumenspickel: Stricken Sie zu Beginn der 1. Nadel 1 M re, 1 M re verschr zunehmen, 1 M re, 1 M re verschr zunehmen. Die restlichen Maschen der Runde (Rd) rechts stricken. = 30 Maschen
Stricken Sie 1 Runde ohne Zunahme.
* Nehmen Sie rechts und links von der zugenommenen Masche abermals 1 Masche re verschr zu, d.h. 1 M re stricken, 1 M re verschr zunehmen, 3 M re stricken, 1 M re verschr zunehmen.* = 32 Maschen
Stricken Sie 1 Runde ohne Zunahme.
Von * zu * in jeder 2. Runde wiederholen bis 40 Maschen auf der Nadel liegen.
2 Rd ohne Zunahme stricken.
Stricken Sie in der folgenden Rd 1 M re, 12 Spickelmaschen stilllegen und 5 M für den kleinen Spickel neu anschlagen. Die restlichen Maschen der Runde re stricken. = 33 Maschen
Die 5 Maschen des kleinen Spickels wie folgt abnehmen.
Stricken Sie 1 M re, 2 M re verschr zus str, 2 M re, 2 M re zus str, restliche Maschen rechts str.
Eine Runde re stricken.
1 M re str, 2 M re verschr zus str, 2 M re zus str, restliche M re stricken.
Stricken Sie eine Runde rechts.
1 M re, 2 M re zus str, restliche M re stricken. = 28 Maschen
Stricken Sie glatt rechts bis zur gewünschten Länge.
Für die Handschuhspitze stricken Sie in jeder Runde:
* Auf der 1. + 3. Nadel die 2. + 3. M re verschr zusammen.
Auf der 2. + 4. Nadel die 6. + 7. M re zusammen.
Von *zu* wiederholen bis noch 8 Maschen übrig sind.
Ziehen Sie die Restmaschen mit durchgezogenem Faden zusammen.
Für den Daumen: Verteilen Sie die 12 stillgelegten Spickelmaschen auf drei Nadeln. Nehmen Sie die 5 kleinen Spickelmaschen rechts verschränkt neu auf die 4. Nadel auf.
Arbeiten Sie in Runden und nehmen Sie die 5 Maschen im gleichen Schema wie „kleiner Spickel“ ab. = 12 Maschen
Verteilen Sie die Maschen neu und stricken Sie glatt rechts die gewünschte Länge des Daumens.
In der letzten Runde stricken Sie immer 2 M re zusammen. = 6 Maschen
Ziehen Sie die Restmaschen mit durchgezogenem Faden zusammen.
Fertigen Sie den zweiten Handschuh gegengleich, d.h. den Daumenspickel am Ende der 4. Nadel beginnen.
Abschließend alle Fäden vernähen.
Für die Bommel häkeln Sie aus dem grauen „Cusco“ Garn 2 Luftmaschenketten à 16 Maschen.
Fertigen Sie vier Bommel (2 grau, 2 rosa) wie in der Anleitung Mädchenrock von Seite 20 beschrieben. (Außendurchmesser 2,5 cm, Innendurchmesser 1 cm).
Nähen Sie die Bommel an die Enden der Luftmaschenketten und nähen Sie diese mittig auf dem Handrücken unter der Bündchenkante fest.

Schönes am Geschenkring

Grösse

- 32 cm Durchmesser
- Schablonen Nr. 2 a - h Seite 89

Material

- 0,30 m Leinenstoff weiss
- 0,15 m Leinenstoff hellgrau
- 0,20 m Leinenstoff graubraun
- 0,10 m Leinenstoff weinrot
- 0,10 m Baumwollstoff dunkelrot
- 0,15 m Vliesofix
- 1,00 m Webband Tannen und Geschenke
- Stickgarn silber
- Stickring Durchmesser 32 cm

Zuschnitt

- Leinenstoff weiss: 50 x 30 cm
- Leinenstoff dunkelgrau: 50 x 20 cm

Anleitung Stickring

Nähen Sie die beiden Zuschnitte aneinander und bügeln Sie die Nahtzugabe hinter den grauen Stoff.
Übertragen Sie die Schablonen auf das Vliesofix und schneiden Sie sie großzügig aus.
Bügeln Sie die Schablonen auf die jeweiligen Stoffe, schneiden Sie sie genau aus und bügeln Sie sie anschließend mittig auf das zusammengenähte Leinen. Steppen Sie die Konturen mit einem schmalen dichten Zickzackstich ab. Nähen Sie dabei das Webetikett mit fest.
Nähen Sie von Hand mit dem silberfarbenen Stickgarn kleine Sterne auf das Geschenk.
Legen Sie den Stickring mittig über das Geschenk und übertragen Sie die Kontur plus 6 cm Nahtzugabe. Schneiden Sie den Kreis aus.
Reihen Sie die Kante rundherum mit doppeltem Faden, legen Sie den inneren Ring in die Mitte und raffen Sie die Kante zusammen. Vernähen Sie den Faden gut.
Stecken Sie beiden Stickringe übereinander, achten Sie darauf, dass die Schraube oben in der Mitte liegt. Binden Sie das Webband oben an der Schraube als Aufhängung fest.

Letzte Nacht hat es gescheit! Als wir aufgewacht sind war alles wie verzaubert und dicke Flocken wirbelten vor unseren Fenstern herum. Plötzlich war es irgendwie so still draußen... Aber nur solang bis Lotta und Rudi den Schnee gesehen hatten und Mama die Haustür geöffnet hat. Dann sind sie rausgestürmt und haben sich vor lauter Freude im Schnee gewälzt. Da haben wir es auch nicht mehr ausgehalten und sind hinterher gestürmt. Wir haben so sehr getobt und das war so lustig, dass wir Bauchschmerzen bekommen haben vom vielen Lachen!

Kleine Adventssäckchen

Grösse
› 8 x 17 cm

Material
› Baumwollstoff in verschiedenen Farben
› 1 Blatt bedruckbarer Stoff Popeline
› Vliesofix 25 x 30 cm

Zuschnitt pro Säckchen
› Baumwollstoff: 38 x 10 cm

Anleitung
Versäubern Sie den Zuschnitt rundherum und säumen Sie anschließend die kurzen Seiten 1 cm breit.
Falten Sie den Stoff nun auf die Hälfte und nähen Sie die Seiten zusammen.
Drucken Sie die Adventszahlen auf den bedruckbaren Stoff und bügeln Sie das Vliesofix hinter den Stoff.
Schneiden Sie die Kreise aus und bügeln Sie sie anschließend auf die Säckchen.

TIPP!
Die Kopiervorlagen für die Adventszahlen finden Sie im Nachsatz des Buches und zum Download auf www.acufactum.de

Advent!

Kranzband

Grösse

- Durchmesser 35 cm, Länge 130 cm
- Stickereigrösse 19 x 11,5 cm
- Stickmuster Seite 87

Material

- 1,40 m Leinenband Sternchen gebleicht 20 cm breit
- 1 Metallring 35 cm Durchmesser

Anleitung

Sticken Sie das Stickmuster mittig 19 cm von oben entfernt im Kreuzstich auf das Leinenband.
Nähen Sie die obere Kante von Hand an dem Metallring fest.
An der anderen Seite nähen Sie eine Spitze, dafür die Schnittkante in der Mitte rechts auf rechts falten und knapp abnähen. Anschließend die Spitze auf rechts drehen.
Befestigen Sie eine Tannengirlande an dem Metallring zur Dekoration.

Stickring

Grösse

- Durchmesser 26,5cm
- Stickereigrösse 18,5 x 11 cm
- Stickmuster Seite 87

Material

- 0,40 m Zählleinen silber
- 0,40 m Vlieseline weiss
- Stickring Durchmesser 26,5 cm

Zuschnitt

- Leinen: 40 x 40 cm

Anleitung

Sticken Sie das Stickmuster mittig im Kreuzstich auf das Leinen und bügeln Sie anschließend die Vlieseline hinter das Leinen.
Übertragen Sie die Größe des Stickrings plus 7 cm pro Seite mittig um die Stickerei und schneiden Sie die Stickerei aus.
Reihen Sie nun von Hand mit doppeltem Faden an der Kante entlang, verknoten Sie den Anfang.
Legen Sie die Stickerei mittig um den inneren Stickring und raffen Sie den Faden straff zusammen, so dass sich die Kante kräuselt und zusammenzieht.
Vernähen Sie den Faden, so dass er sich nicht lösen kann.
Abschließend stecken Sie den äußeren Stickring über den inneren Ring mit der Stickerei und fixieren diese mit der Schraube.

Im Winterwald

Tannenbäume

Grösse

- 11,5 x 22 cm, 10 x 15 cm (hängend)
- 15 x 23 cm (stehend)
- Schablone Nr. 18 und 19 Seite 92 (hängend)
- Schablone Nr. 20 Seite 92 (stehend)

Material

- 0,20 m Leinenstoff graubraun
- 0,20 m Leinenstoff braun
- 0,20 m Leinenstoff grün
- 0,15 m Baumwollstoff Pünktchen natur-schwarz
- 0,80 m Webband Frohes Fest
- Füllwatte
- feine Kordel

Anleitung

Übertragen Sie die jeweilige Schablone auf den passenden doppeltliegenden Stoff.
Nähen Sie die Stofflagen auf der Umrisslinie mit einem dichten Stich zusammen, lassen Sie unten eine Wendeöffnung frei.
Schneiden Sie die Nahtzugabe rundherum zurück. Die Nahtzugabe in den Ecken einschneiden und an den Spitzen zurückschneiden.
Wenden Sie den Tannenbaum und stopfen Sie ihn mit Füllwatte.
Für einen hängenden Baum steppen Sie nun von Seite zu Seite den Baum mit der Maschine ab.
Die Wendeöffnung schließen Sie mit dem dazwischen doppeltliegenden Webband.
Wenn Sie mögen kann nun noch das Webband Frohes Fest von Hand an dem Baum festgenäht werden.
Ziehen Sie die Kordel durch die Tannenbaumspitze
Für einen stehenden Baum nähen Sie von Seite zu Seite den Baum von Hand etwas zusammen.
In die Wendeöffnung des stehenden Baumes kommt ein kleiner Ast. Die Wendeöffnung wird links und rechts bis zum Ast geschlossen.

Weihnachtssterne

Grösse

- Durchmesser 40 cm gross und Durchmesser 35 cm klein
- Stickmustergrösse 9 x 15 cm
- Stickmuster Seite 87
- Schablone Nr. 30 + 31 Seite 93

Material

- 0,50 m Zählleinen silber
- 0,10 m Leinenstoff grau
- 0,50 m Leinenstoff hellgrau
- 1,50 m Webband Christrose
- 1,50 m Samtpaspel grün
- 3,00 m Borte "Elisir" ecru
- 1,15 m Vlieseline weiss
- Füllwatte
- Textilkleber
- etwas Granulat

Zuschnitt

- Stern gross:
- Zählleinen: 2 Stück 45 x 45 cm
- Leinenstoff grau: 140 x 7 cm (Steg, inkl. 1 cm Nahtzugabe)
- Stern klein:
- Leinenstoff hellgrau 2 Stück 40 x 40 cm, 120 x 7 cm (Steg, inkl. 1 cm Nahtzugabe)

Anleitung

Sticken Sie das Stickmuster mittig im Kreuzstich auf das Leinen.

Bügeln Sie die Vlieseline hinter die Leinenzuschnitte.

Übertragen Sie die Schablone mittig über die Stickerei und auf den quadratischen Zuschnitt und schneiden Sie die Sterne plus 1 cm Nahtzugabe aus.

Kleben Sie die Samtpaspel an den Rand des Sternes mit der Stickerei (Vorderteil). Die Paspel liegt dabei knapp hinter der Umrisslinie. An den Spitzen wird die Paspel etwas eingeschnitten um sie gut um die Spitze legen zu können (Bild 1).

Nähen Sie das Webband mit der an beiden Seiten darunterliegenden Borte mittig auf dem Steg fest. Tipp: Die Bänder vorher mit etwas Textilkleber fixieren.

Nähen Sie nun den Steg an dem Vorderteil fest. Beginnen Sie unten in der Mitte den Steg festzunähen, schlagen Sie den Anfang 1 cm um. Auch hier wird an den Spitzen der Steg etwas eingeschnitten (Bild 2). (Sie nähen bis zu Spitze, schneiden den Steg ein und legen den Steg anschließend an der anderen Seite der Spitze zurück). Falls der Steg zu lang sein sollte, schneiden Sie ihn zurück und schlagen Sie das Ende ebenfalls 1 cm breit um.

Markieren Sie sich nun auf der gegenüberliegenden Seite des Stegs die Punkte von Spitzen und Ecken des Sternes (Bild 3), so dass Sie wissen, wo Sie den Steg am rückwärtigen Stern festzunähen haben.

Nähen Sie den Steg am rückwärtigen Stern fest, achten Sie auf die Markierungspunkte.

Schneiden Sie die Nahtzugabe in den Spitzen zurück und in den Ecken bis kurz vor die Naht ein.

Wenden Sie den Stern und bügeln Sie ihn vorsichtig.

Füllen Sie den Stern ausreichend mit Füllwatte. Achten Sie darauf, dass sich der Stern nicht ausbeult.

Geben Sie in die unteren Spitzen etwas Granulat so hat der Stern bessere Standfestigkeit.

Schließen Sie die Wendeöffnung und bügeln Sie den Stern in Form (Bild 4).

Den kleinen Stern nähen Sie nach dem gleichen Prinzip, jedoch ohne Webband auf dem Steg.

Bild 1

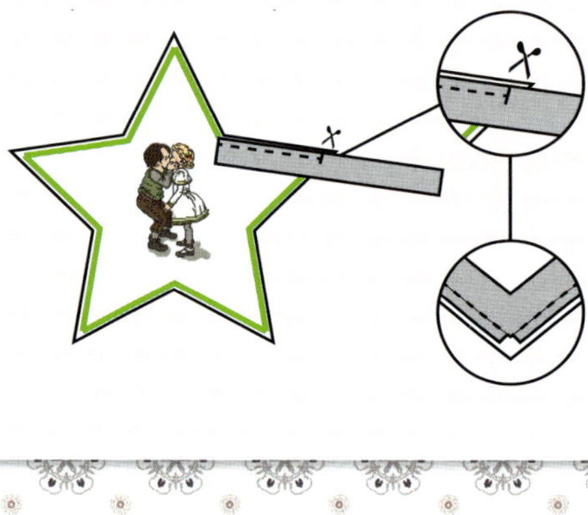

Bild 2

Bild 3

Bild 4

Unser feines Bone China Geschirr wird in Deutschland in einer Porzellanmanufaktur von Hand veredelt.

Alles für Claras festliche Adventstafel

Geniesse es!

Läufer Tannenbäume

Grösse
- 130 x 60 cm
- Schablone Nr. 17 - 23 Seite 92

Material
- 0,70 m Leinenstoff weiss
- 0,20 m Leinenstoff graubraun
- 0,20 m Leinenstoff hellgrau
- 0,15 m Leinenstoff grau
- 0,50 m Vliesofix

Anleitung

Säumen Sie den weißen Leinenstoff rundherum mit einer Briefecke 5 cm breit.
Übertragen Sie die verschiedenen Tannenbaum Schablonen auf das Vliesofix, schneiden Sie die Tannenbäume großzügig aus und bügeln Sie das Vliesofix auf die entsprechenden Stoffe.
Schneiden Sie nun die Tannenbäume genau aus und bügeln Sie sie anschließend laut Skizze auf den Läufer.
Steppen Sie die Kontur und die Innenlinien mit einem schmalen dichten Zickzackstich ab.

4 Serviettenbänder

Grösse
- 15 x 5 cm

Material pro Serviettenband
- 0,17 m Samtband grau 50 mm breit
- 1,00 m Samtband graubraun 5 mm breit
- 0,15 m Webband Christrose
- 0,30 m Borte "Elisir" ecru
- Textilkleber

Anleitung

Kleben Sie die Schnittkanten des breiten Samtbandes 1 cm breit nach hinten um.
Kleben Sie das Webband mit der darunterliegenden Borte und dem schmalen Samtband mittig auf dem breiten Samtband fest.
Zur Fixierung steppen Sie das Webband rundherum knappkantig fest.

Die passenden Servietten finden Sie auf Seite 27, nähen Sie diese jedoch ohne das Schlehenband.

Wimpelkette Christrose

Grösse
- 160 x 21 cm
- Schablone Nr. 15 Seite 91

Material
- 0,15 m Leinenstoff weiss
- 0,15 m Leinenstoff hellgrau
- 0,15 m Leinenstoff grau
- 0,15 m Leinenstoff grün
- 1,80 m Webband Christrose
- 1,60 m Rüschenband „Gritty“ weiss
- 3,00 m Schrägband taupe-weiss kariert

Anleitung

Siehe Wimpelkette Schlehe von Seite 29.

Glanzvolle Kissenparade

Kissen Tannenbäume

Grösse
- 45 x 45 cm
- Schablonen Nr. 17 - 23 Seite 92

Material
- 0,50 m Leinenstoff weiss
- 0,20 m Leinenstoff graubraun
- 0,15 m Leinenstoff hellgrau
- 0,15 m Leinenstoff grau
- 0,10 m Leinenstoff grün
- 0,10 m Leinenstoff braun
- 0,25 m Vliesofix
- 0,30 m Rüschenband „Gritty“ grün
- Reissverschluss 40 cm lang
- Kisseninlett 45 x 45 cm

Zuschnitt
- Leinenstoff weiss: 47 x 47 cm (Vorderteil) und 2 Stück 47 x 24,5 cm (Rückenteil)

Anleitung
Übertragen Sie die Schablonen auf das Vliesofix.
Schneiden Sie die Tannenbäume und die Baumstämme großzügig aus, bügeln Sie sie auf das passende Leinen und schneiden Sie sie anschließend auf der Kontur aus.
Ziehen Sie das Trägerpapier ab und bügeln Sie die Bäume und die Baumstämme auf das Vorderteil.
Steppen Sie die Kontur und die Innenlinien mit einem schmalen dichten Zickzackstich ab.
Nähen Sie das Rüschenband auf die Innenlinien der grünen Tanne.
Nähen Sie den Reißverschluss zwischen die Rückenteil-Zuschnitte.
Legen Sie Vorder- und Rückenteil rechts auf rechts und nähen Sie die Stofflagen zusammen.
Wenden Sie den Kissenbezug und ziehen Sie ihn über das Kisseninlett.

Kissen mit Tannenbaum und Stern

Grösse

- 35 x 35 cm
- Schablonen Nr. 23 + 25 d Seite 92

Material

- 0,40 m Leinenstoff hellgrau
- 0,10 m Leinenstoff graubraun
- 0,10 m Leinenstoff weiss
- 0,10 m Leinenstoff grün
- 0,10 m Leinenstoff braun
- 0,10 m Leinenstoff grau
- 0,10 m Vliesofix
- 0,40 m Borte Elisier ecru
- 0,40 m Webband Frohes Fest
- Reissverschluss 30 cm lang
- Kisseninlett 35 x 35 cm

Zuschnitt

- Leinenstoff grau: 37 x 37 cm (Vorderteil) und 2 Stück 37 x 19,5 cm (Rückenteil)

Anleitung

Übertragen Sie die Schablonen auf das Vliesofix und schneiden Sie sie großzügig aus.
Bügeln Sie die Teile auf das jeweilige Leinen, schneiden Sie die Teile auf der Kontur aus und bügeln Sie sie anschließend auf das Vorderteil.
Steppen Sie die Konturen mit einem schmalen dichten Zickzackstich ab.
Nähen Sie das Webband mit dem darunterliegenden Perlenband auf das Vorderteil.
Nähen Sie den Reißverschluss zwischen die Rückenteil-Zuschnitte.
Legen Sie Vorder- und Rückenteil rechts auf rechts und nähen Sie die Stofflagen zusammen.
Wenden Sie den Kissenbezug und ziehen Sie ihn über das Kisseninlett.

Inzwischen stehen schon ganz viele Kerzen überall, wir haben ein wunderschönes Moosgärtchen in dem kleine Zwerge spazieren gehen und Edelsteine funkeln. Überall sind kleine Kränze und Gestecke mit Zweigen und kleinen Päckchen, das ganze Haus ist schon richtig weihnachtlich. Man kann das sogar riechen. Riechen kann man auch im ganzen Haus den Duft der Maronis und Bratäpfel, wenn sie auf dem Blech im Kamin brutzeln. Und wenn wir zerzaust vom Wind und durchgefrohren nach Hause kommen vom Spielen, dann essen wir sie alle auf!

Platz für viele kleine Überraschungen...

Spitztüten

Grösse
- klein 9 x 17 cm
- gross 11 x 20 cm
- Schablone Nr. 13 und 14 Seite 91

Material graubraun
- 0,25 m Leinenstoff graubraun
- 3,60 m Webband Christrose
- 2,10 m Ripsband graubraun 15 mm breit
- 1,50 m Rüschenband „Gritty“ grün

Material hellgrau
- 0,25 m Leinenstoff hellgrau
- 3,60 m Webband Frohes Fest
- 2,10 m Ripsband graubraun 15 mm breit
- 1,50 m Rüschenband „Gritty“ weiss

Zuschnitt pro Spitztüte
- Leinenstoff: 2 Stück 11 x 19 cm (klein)
- Leinenstoff: 2 Stück 13 x 22 cm (gross)

Anleitung
Nähen Sie das Webband 3 cm von einer kurzen Kante entfernt auf die beiden Zuschnitte.
Legen Sie die Zuschnitte genau übereinander und übertragen Sie die jeweilige Schablone.
Nähen Sie die Stofflagen auf der Umrisslinie mit einem dichten Stich zusammen, lassen Sie die obere Kante frei.
Schneiden Sie die Nahtzugabe rundherum auf 1 cm zurück. An der Spitze schneiden Sie die Nahtzugabe knapp zurück.
Nähen Sie das Rüschenband rechts auf rechts bündig an die obere Kante. Schlagen Sie nun die Nahtzugabe 1 cm breit nach innen um und steppen Sie die Kante 0,5 cm breit fest.
Nähen Sie das restliche Webband auf das Ripsband und teilen Sie es in sechs gleichgroße Stücke (Henkel).
Nähen Sie die Henkel seitlich von innen an den Spitztüten fest.
Das Material reicht für 3 kleine und 3 große Spitztüten.

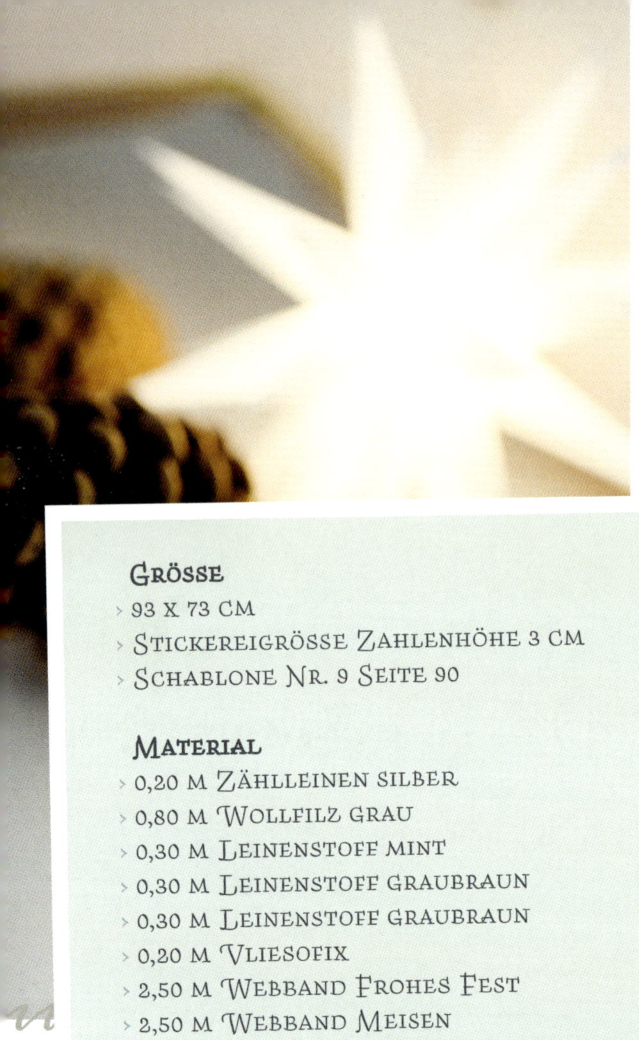

Grösse
- 93 x 73 cm
- Stickereigrösse Zahlenhöhe 3 cm
- Schablone Nr. 9 Seite 90

Material
- 0,20 m Zählleinen silber
- 0,80 m Wollfilz grau
- 0,30 m Leinenstoff mint
- 0,30 m Leinenstoff graubraun
- 0,30 m Leinenstoff graubraun
- 0,20 m Vliesofix
- 2,50 m Webband Frohes Fest
- 2,50 m Webband Meisen
- 6,55 m Ripsband graubraun 15 mm breit
- 24 Wäscheklammern
- Textilkleber
- Stab ca. 100 cm lang

Zuschnitt (inkl. 1 cm Nahtzugabe)
- Zählleinen: 10 x 10 cm pro Zahl
- Leinenstoff mint: 8 Stück 35 x 13 cm (Säckchen)
- Leinenstoff graubraun: 6 Stück 35 x 13 cm (Säckchen)
- Leinenstoff braun: 6 Stück 35 x 13 cm (Säckchen)
- Wollfilz: 93 x 80 cm

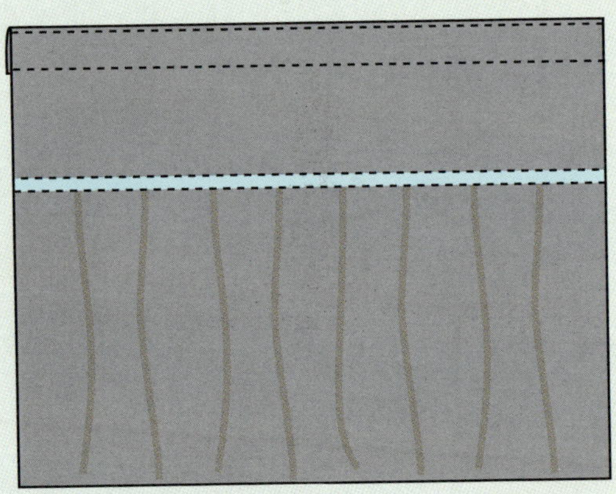

Jeden Tag

Anleitung

Sticken Sie die Zahlen von 1- 24 mittig im Kreuzstich auf die einzelnen Leinen-Zuschnitte.

Bügeln Sie das Vliesofix hinter die Zahlen und übertragen Sie die Schablone mittig um die Zahl.

Schneiden Sie die Kreise aus und entfernen Sie das Trägerpapier.

Für ein Säckchen versäubern Sie die Säckchen-Zuschnitte rundherum mit einem Zickzackstich oder einem Overlockstich.

Schlagen Sie die kurzen Seiten 1 cm breit nach hinten um und steppen Sie die Kante 0,75 cm breit ab.

Legen Sie die gesäumten Kanten aufeinander und bügeln Sie die Zahl anschließend auf das Leinen.

Fixieren Sie die Kante mit einem schmalen Zickzackstich.

Falten Sie den Stoff rechts auf rechts und nähen Sie das Säckchen an den Seiten zusammen.

TIPP!

Unsere Webbänder eignen sich prima zum bekleben von Klammern. Damit lassen sich leicht schöne Geschenkeclips basteln.

ein Säckchen!

Wenden Sie das Säckchen auf rechts.
Nähen Sie die restlichen Säckchen zusammen.
Schneiden Sie aus dem Ripsband acht 70 cm lange Stücke.
Nähen Sie das Ripsband mit dem Meisenband 30 cm von der oberen Kante entfernt auf den Filz, die Enden dabei nach innen einschlagen und die acht Ripsbänder gleichmäßig unter dem Band mit festnähen. Die Enden der Ripsbänder nach hinten kleben.
Schlagen Sie die obere Kante des Filzes 7 cm breit nach hinten um und steppen Sie die Kante 0,5 cm breit ab. Anschließend steppen Sie die Kante 6 cm breit ab, so dass auf der Rückseite ein Tunnel entsteht.
Bekleben Sie die Wäscheklammern mit den Webbändern.
Befüllen Sie nun die Säckchen und klemmen Sie diese mit den Wäscheklammern an den Ripsbändern fest.
Nähen Sie sechs Vögel laut Anleitung Vögelchen von Seite 61.

TIPP!

Wenn Sie lieber fliegende Vögelchen haben wollen, können Sie auch die feine Kordel mit einer dicken spitzen Nadel kurz hinter dem Kopf durchziehen und so den Vogel aufhängen.

Vögelchen am Zweig

Grösse
- 10 x 5 x 5 cm
- Schablone Nr. 4 a - c Seite 89

Material pro Vogel
- Leinenstoff grau 2 Stück 15 x 8 cm (Seitenteile)
- Leinenstoff dunkelgrau 5 x 8 cm (Kopfteil)
- Leinenstoff mint 18 x 7 cm (Bauchteil)
- Vlieseline weiss
- Füllwatte
- 2 schwarze Perlen
- kleine Wäscheklammer
- Textilkleber

Anleitung

Bügeln Sie die Vlieseline hinter den Leinenstoff und übertragen Sie die Schablonen (5 mm Nahtzugabe ist enthalten) auf den jeweiligen Stoff.

Nähen Sie mit einem dichten Stich zuerst das Kopfteil an das Bauchteil (1 cm lange Naht vorne am Schnabel).

Danach nähen Sie ein Seitenteil an das Kopfteil, anschließend das andere Seitenteil an das Kopteil nähen.

Nähen Sie nun ein Seitenteil an das Bauchteil und anschließend das andere Seitenteil an das Bauchteil, lassen Sie hier eine Wendeöffnung frei.

Schneiden Sie die Nahtzugabe in den Rundungen ein und an der Spitze zurück.

Wenden Sie den Vogel und füllen Sie ihn gut mit Füllwatte.

Schließen Sie die Wendeöffnung, nähen Sie die Perlen an den Kopf und kleben Sie einen kleinen Schnabel an den Kopf (auf die erste Kopf-Brustnaht).

Abschließend kleben Sie die kleine Wäscheklammer mit Textilkleber am Bauch des Vogels fest. So können Sie ihn gut an einem Ast festklemmen.

Wärmekissen mit Stickerei

Grösse

- 22 x 35 cm
- Stickereigrösse 16 x 7,5 cm
- Stickmuster Seite 85
- Schablone Nr. 5 Seite 90

Material für die Kissenhülle

- 0,15 m Zählleinen silber
- 0,40 m Leinenstoff graubraun
- 0,15 m Vliesofix
- 0,60 m Rüschenband „Gritty“ weiss

Material für das Wärmekissen

- 0,25 m Baumwollstoff
- zum Beispiel ca. 750 g Hirse und 3 EL Lavendelblüten

Zuschnitt

- Leinen: 25 x 15 cm
- Leinenstoff: 37 x 55 cm
- Baumwollstoff: 2 Stück 24 x 37 cm

Anleitung

Sticken Sie das Stickmuster mittig auf das Leinen und bügeln Sie anschließend das Vliesofix hinter die Stickerei.

Übertragen Sie die Schablone mittig auf die Stickerei und schneiden Sie das Leinen aus.

Säumen Sie die kurzen Schnittkanten des Leinenstoffes 1 cm breit.

Falten Sie die kurzen Seite übereinander (Hotelverschluss), so dass die Vorderseite 22 x 35 cm groß ist. Markieren Sie sich die Vorderseite.

Bügeln Sie die Stickerei mittig auf die Vorderseite, kleben Sie mit etwas Textilkleber das Rüschenband auf die Leinenkante und steppen Sie das Band anschließend fest.

Falten Sie die kurzen Seiten rechts auf rechts übereinander und nähen Sie die Seiten zusammen.

Wenden Sie die Wärmekissenhülle.

Für das Wärmekissen nähen Sie die Baumwollstoff-Zuschnitte rechts auf rechts rundherum zusammen, lassen Sie eine Wendeöffnung frei.

Wenden Sie das Kissen und füllen Sie es mit der Hirse und den Lavendelblüten.

Schließen Sie die Wendeöffnung, wenn Sie mögen steppen Sie Kammern in dem Wärmekissen ab.

Ziehen Sie nun die Hülle über das Wärmekissen.

Sie können das Wärmekissen in der Mikrowelle oder dem Backofen erhitzen.

Stickring mit Meisenpaar

Grösse
- Durchmesser 16,5 cm
- Stickereigrösse 16 x 7,5 cm
- Stickmuster Seite 85

Material
- 0,30 m Zählleinen silber
- 0,30 m Vlieseline weiss
- Stickring Durchmesser 16,5 cm

Zuschnitt
- Leinen: 30 x 30 cm

Anleitung
Fertigen Sie den Stickring laut Anleitung von Seite 44.

ACHTUNG: Nicht mit Hülle in die Mikrowelle geben!!!
Bitte testen Sie sich langsam an die optimale Hitze des Kissens heran. Nehmen Sie das Kissen lieber nach kurzer Zeit aus Mikrowelle oder Backofen und verteilen Sie die Körner im Innern. Anschließend bei Bedarf nochmal erhitzen.

Meisentrio

Kranzband Meisen

Grösse
- Durchmesser 35 cm, Länge 130 cm
- Stickereigrösse 16 x 29 cm
- Stickmuster Seite 84 + 85

Material
- 1,40 m Leinenband gebleicht Sternchen 20 cm breit
- 2 Metallringe 35 cm Durchmesser

Anleitung

Sticken Sie das Stickmuster mittig 10 cm von oben entfernt im Kreuzstich auf das Leinenband.
Nähen Sie die obere Kante von Hand an dem Metallring fest.
An der anderen Seite nähen Sie eine Spitze, dafür die Schnittkante in der Mitte rechts auf rechts falten und knapp abnähen. Anschließend die Spitze auf rechts drehen.
Befestigen Sie Lärchenzweige an dem Metallring.

Sterne mit Meisenband

Grösse
- Durchmesser 20 cm
- Schablone Nr. 28 Seite 93

Material
- 0,25 m Leinenstoff graubraun
- 0,25 m Leinenstoff mint
- 0,70 m Webband Meisen
- Füllwatte
- feine Kordel

Zuschnitt pro Stern
- Leinenstoff: 2 Stück 22 x 22 cm

Anleitung

Nähen Sie das Webband auf einen Leinenstoff-Zuschnitt.
Legen Sie beide Zuschnitte rechts auf rechts und übertragen Sie die Stern-Schablone.
Nähen Sie die Stofflagen auf der Umrisslinie zusammen, lassen Sie eine Wendeöffnung frei.
Schneiden Sie die Nahtzugabe rundherum zurück, schneiden Sie die Nahtzugabe in den Ecken ein und an den Spitzen zurück.
Wenden Sie den Stern und füllen Sie ihn mit Füllwatte. Den Stern nicht bis zu den Kanten füllen.
Schließen Sie die Wendeöffnung und steppen Sie den Stern 0,75 cm breit ab.
Ziehen Sie die feine Kordel durch eine Spitze.

Für Dich!

Herrenloop

Material
- 4 Knäuel „Catalina" silbergrau
- 4 Knäuel „Catalina" anthrazit
- Stricknadel Stärke 10

- Lauflänge „Catalina" 50 g/ 50 m

Anleitung
Der Loop wird im "Patentmuster" gestrickt.
Schlagen Sie 36 Maschen an.
Stricken Sie den Loop laut Strickschrift. Wiederholen Sie in der Höhe die 2. Und 3. Reihe.
6 Reihen anthrazit.
6 Reihen silbergrau.
6 Reihen anthrazit.
6 Reihen silbergrau.
6 Reihen anthrazit.
57 cm in silbergrau stricken. (= ca. 108 Reihen)
Stricken Sie 6 Reihen anthrazit.
6 Reihen silbergrau.
6 Reihen anthrazit.
6 Reihen silbergrau.
54 cm anthrazit stricken. (= ca. 102 Reihen)
Ketten Sie die Maschen ab und nähen Sie Anfang und Ende zusammen.
Vernähen Sie alle Fäden.

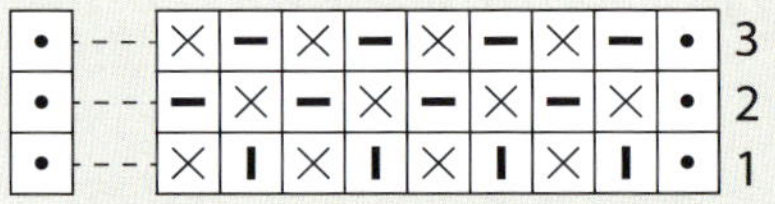

- • Randmasche
- I Rechte Masche
- ⨯ 1 Masche mit 1 Umschlag links abheben
- − die Masche und den darüberliegenden Umschlag rechts zusammen stricken

Adventstablett

Grösse
- Durchmesser 17 cm
- Stickereigrösse 6 x 6 cm
- Stickmuster Seite 86
- Schablone Nr. 27 Seite 93

Material
- 0,20 m Zählleinen silber
- 0,20 m Vlieseline weiss
- Füllwatte

Zuschnitt
- Zählleinen: 2 Stück 20 x 20 cm

Anleitung

Sticken Sie das Stickmuster mittig im Kreuzstich auf das Leinen und bügeln Sie die Vlieseline hinter beiden Leinenzuschnitte.

Übertragen Sie die Stern-Schablone mittig über die Stickerei. Legen Sie die Zuschnitte rechts auf rechts und nähen Sie die Stofflagen auf der Umrisslinie mit einem dichten Stich zusammen, lassen Sie eine kleine Wendeöffnung frei.

Schneiden Sie die Nahtzugabe zurück. In den Ecken bis vor die Naht einschneiden und an den Spitzen weiter zurück schneiden.

Wenden Sie den Stern, füllen Sie ihn mittig mit Füllwatte, schließen Sie die Wendeöffnung und steppen Sie die Kante anschließend 0,75 cm breit ab.

TIPP!

Auf einem fein dekorierten Tablett ist der Stern ein wahrer Hingucker.

Komm, wir bauen einen Schneemann!

Schneemänner

Grösse
- 9 x 21 cm
- Schablone Nr. 3 Seite 89 und Nr. 24 Seite 92

Material
- 0,15 m Leinenstoff hellgrau
- 0,10 m Leinenstoff weiss
- 0,10 m Baumwolljacquard Tupfen grau
- 0,10 m Vliesofix
- Füllwatte
- feine Kordel

Zuschnitt pro Schneemann
- Leinenstoff hellgrau: 2 Stück 23 x 15 cm
- Baumwolljacquard: 11 x 7 cm

Anleitung
Legen Sie die Leinen-Zuschnitte rechts auf rechts und übertragen Sie die Schneemann-Schablone.
Applizieren Sie den Stern auf den Schneemannbauch.
Nähen Sie die Stofflagen auf der Umrisslinie mit einem dichten Stich zusammen, lassen Sie unten eine Wendeöffnung frei. Schneiden Sie die Nahtzugabe auf 1 cm zurück. Schneiden Sie die Nahtzugabe in den Ecken und an den Rundungen bis kurz vor die Naht ein.
Wenden Sie den Schneemann, füllen Sie ihn mit Füllwatte, schließen Sie die Wendeöffnung und steppen Sie anschließend die Kontur 0,75 cm breit ab.
Bügeln Sie die kurzen Seiten des Jacquardstoffes 1 cm breit nach links um. Falten Sie die Kanten rechts auf rechts und nähen Sie die Seiten zusammen.
Wenden Sie die Mütze auf rechts und setzen Sie sie dem Schneemann auf den Kopf.
Binden Sie mit der Kordel den Bauch des Schneemannes ab. Und knoten Sie ihm eine Schleife um den Hals.
Ziehen Sie die Kordel mit einer dicken spitzen Nähnadel durch die Mütze und die Kante des Kopfes.

Schneemannkissen

Grösse

- 45 x 45 cm
- Stickereigrösse 15,5 x 16,5 cm
- Stickmuster Seite 88
- Schablone Nr. 17 - 19 Seite 92

Material

- 0,25 m Zählleinen silber
- 0,20 m Leinenstoff blau
- 0,15 m Leinenstoff graubraun
- 0,15 m Leinenstoff hellgrau
- 0,10 m Leinenstoff braun
- 0,20 m Vlieseline weiss
- 0,15 m Vliesofix
- Reissverschluss 30 cm lang
- Kisseninlett 45 x 45 cm

Zuschnitt pro Schneemann

- Zählleinen: 20 x 22 cm (A)
- Leinenstoff blau: 2 Stück 20 x 14,5 cm (B), 2 Stück 15,5 x 47 cm (C) und 2 Stück 47 x 24,5 cm (Rückenteile)

Anleitung

Sticken Sie das Stickmuster mittig im Kreuzstich auf das Leinen (A) und bügeln Sie anschließend die Vlieseline hinter die Stickerei.

Nähen Sie die Zuschnitte (B) oben und unten an das Leinen (A) und bügeln Sie die Nahtzugabe nach außen.

Die Zuschnitte (C) nähen Sie nun links und rechts an die zusammen genähten Teile, auch hier bügeln Sie die Nahtzugabe nach außen (Vorderteil).

Übertragen Sie die Tannenschablonen auf das Vliesofix und schneiden die Formen großzügig aus.

Bügeln Sie die Tannenbäume auf den passenden Stoff und schneiden Sie die Tannen anschließend genau aus.

Bügeln Sie die Tannenbäume auf das Vorderteil und fixieren Sie diese rundherum mit einem schmalen Zickzackstich. Steppen Sie die Tannenbäume innen von Spitze zu Spitze ebenfalls mit einem Zickzackstich ab.

Nähen Sie den Reißverschluss zwischen die Rückenteile.

Nähen Sie Vorder- und Rückenteil rechts auf rechts rundherum zusammen.

Wenden Sie den Kissenbezug und ziehen Sie es über das Inlett.

Jetzt hat es nochmal so richtig geschneit und wir Kinder haben alle zusammen einen riesengroßen Schneemann gebaut. Johann hat ihm zum Schluss einen Kochtopf auf den Kopf gesetzt und Paul hat eine Karotte geholt, die wir ihm als Nase ins Gesicht gesteckt haben. Er ist wirklich besonders schön geworden! Und viel größer als ich! Aber Lupinchen ist immer noch verschwunden, den vermisse ich sehr. Gerade jetzt muss ich daran denken, wie wir letztes Jahr mit ihm einen extra kleinen Schneemann gebaut haben, nur für ihn. Das fand er sehr toll!

TIPP!

Erinnern Sie sich? Im ersten Teil von Claras Geschichten haben wir diese Einkaufstasche bereits einfarbig und mit kurzen Henkeln dargestellt. Hier nun die "Langversion" – sie ist bequem über die Schulter zu tragen.

Shoppingtasche

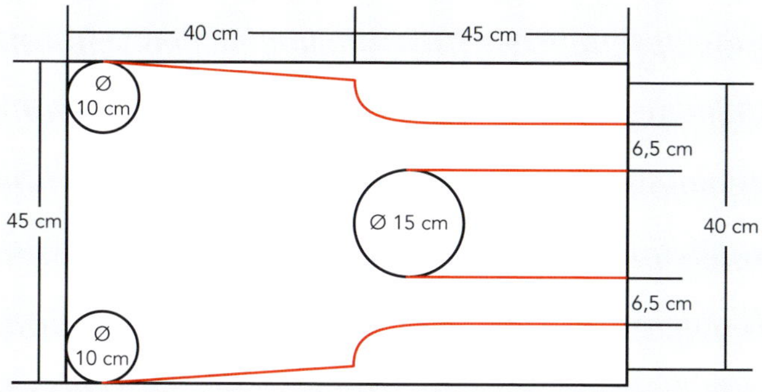

Grösse

- 45 x 75 cm

Material

- 1,00 m Baumwollstoff Picknick in Rosen natur-braun
- 0,90 m Baumwollstoff Punkte natur-grau

Anleitung

Erstellen Sie sich anhand der Skizze eine Schablone.
Übertragen Sie diese Schablone plus Nahtzugabe zweimal auf den Baumwollstoff „Picknick“ (Außenteile) und zweimal auf den Baumwollstoff „Punkte“ (Futter) und schneiden Sie diese anschließend aus.
Legen Sie die Außenteile rechts auf rechts und nähen Sie die Stoffe an der unteren Rundung zusammen. Ebenso beim Futter, lassen Sie hier aber eine Wendeöffnung frei.
Schneiden Sie die Nahtzugabe an den Rundungen etwas ein.
Legen Sie Futter und Außenteil rechts auf rechts ineinander und nähen Sie die oberen Kanten zusammen, die geraden kurzen Seiten der Henkel bleibt dabei offen. Lassen Sie ebenfalls an einer Henkelseite 5 cm offen.
Schneiden Sie die Nahtzugabe in regelmäßigen Abständen ein.
Wenden Sie den Beutel.
Legen Sie die kurzen Seiten der Henkel von einer Taschenseite rechts auf rechts aufeinander und nähen Sie diese zusammen.
Nähen Sie den anderen Henkel zusammen.
Steppen Sie nun die alle Kante knappkantig ab, dabei werden die offenen Kanten an den Henkeln geschlossen.

Gemütliche Armstulpen

Material perlgraue Stulpe

- 1 Knäuel „Piura“ seidengrau
- 1 Knäuel „Piura“ perlgrau
- 0,35 m Webband Schneeglöckchen
- Stricknadel Stärke 3

- Lauflänge „Piura“ 50 g/ 400 m
- Maschenprobe „Piura“: 10 x 10 cm = 27 M x 45 R

Weitere Farbvariationen

Taubenblaue Stulpe

- 6 Reihe seidengrau
- 2 Reihen perlgrau
- 60 Reihen taubenblau (Länge an den Armumfang anpassen)
- 2 Reihen perlgrau
- 6 Reihen seidengrau
- Webband Ornament blau

oder

Seidengraue Stulpe

- 6 Reihen seidengrau
- 4 Reihen perlgrau
- 6 Reihen seidengrau
- 4 Reihen perlgrau
- 56 Reihen seidengrau (Länge an den Armumfang anpassen)
- Webband Ornament gold

Anleitung

Die links gestrickte Seite ist die Außenseite.
Schlagen Sie 70 Maschen an und stricken Sie die Stulpen glatt links (Hinreihe links, Rückreihe rechts).
8 Reihen in seidengrau
60 Reihen in perlgrau (Länge an den Armumfang anpassen)
8 Reihen in seidengrau
Nähen Sie Anfang und Ende der Stulpe zusammen.
Teilen Sie das Webband und nähen Sie es von Hand mittig auf der Naht fest. Schlagen Sie dabei die Enden des Webbandes ein und raffen Sie zudem den Stulpen auf die Länge des Webbandes.
Fertigen Sie genauso den zweiten Stulpen.

Übrigens:
Alle unsere
Bänder werden in
Deutschland
entworfen und
produziert

Es wird wieder heller!

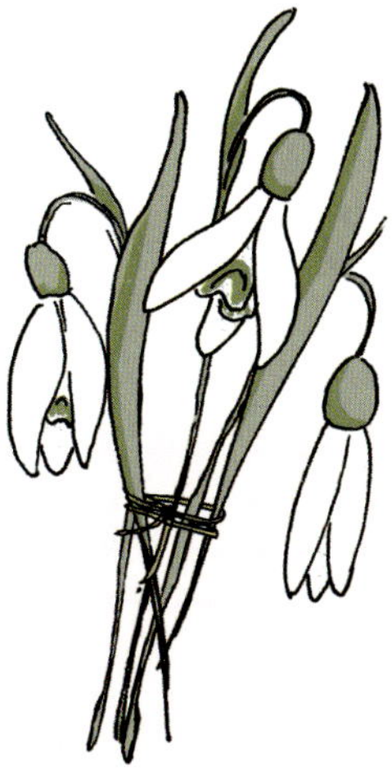

Krempelsäckchen

Grösse

- 13 x 17 cm
- Stickereigrösse 3,5 x 9,5 cm
- Stickmuster Seite 79
- Schablone Nr. 8 Seite 90

Material

- 0,10 m Zählleinen silber
- 0,25 m Leinenstoff graubraun
- 0,25 m Leinenstoff mint
- 0,35 m Rüschenband „Gritty“ weiss
- 0,10 m Vliesofix
- 0,25 m Volumenvlies

Zuschnitt (inkl. 1 cm Nahtzugabe)

- Zählleinen: 10 x 15 cm
- Leinenstoff graubraun: 2 Stück 21 x 27 cm (Aussenteil)
- Leinenstoff mint: 2 Stück 21 x 27 cm (Futter)

Anleitung

Siehe Anleitung Adventssäcken Seite 33.
Das Oval 4,5 cm von der Kante entfernt aufnähen.

TIPP!

Helle Dekorationen nach der Weihnachtszeit steigern die Vorfreude auf den Frühling.

Herzanhänger

Grösse

- 22 x 21 cm
- Stickereigrösse 2,5 x 8 cm
- Stickmuster Seite 79
- Schablone Nr. 13 Seite 91

Material

- 0,25 m Leinenband weiss 3 cm breit
- 0,25 m Leinenstoff graubraun
- Füllwatte
- feine Kordel
- 1 Öse Durchmesser ca. 5 mm

Zuschnitt

- Leinenstoff: 2 Stück 25 x 25 cm

Anleitung

Sticken Sie das Stickmuster mittig 1 cm von der Mitte entfernt auf das Leinenband.
Falten Sie das Leinenband in der Mitte aufeinander und schlagen Sie die Seiten zur Mitte hin ein, sodass eine Spitze entsteht.
Schlagen Sie die beiden oberen Schnittkanten nach innen ein, kürzen Sie sie gegebenenfalls.
Steppen Sie den Anhänger rundherum knappkantig aufeinander fest.
Schlagen Sie die Öse oben durch den Anhänger.
Für das Herz legen Sie die Leinenstoff-Zuschnitte rechts auf rechts und übertragen die Herz-Schablone.
Nähen Sie die Stofflagen auf der Umrisslinie mit einem dichten Stich zusammen, lassen Sie an der Seite eine Wendeöffnung frei.
Schneiden Sie die Nahtzugabe zurück. In den Rundungen bis kurz vor die Naht regelmäßig einschneiden, an der Spitze weiter zurückschneiden.
Wenden Sie das Herz, füllen Sie es in der Mitte mit Füllwatte und steppen Sie die Kante rundherum 0,75 cm breit ab.
Ziehen Sie die feine Kordel mit einer spitzen Nadel durch das Herz und die Öse.

Die ersten Frühlingsvorboten sind da!

Schneeglöckchenkissen

Grösse
- 45 x 45 cm
- Stickereigrösse 7 x 12 cm
- Stickmuster Seite 79
- Schablone Nr. 7 Seite 90

Material
- 0,15 m Zählleinen silber
- 0,50 m Leinenstoff graubraun
- 1,60 m Webband Schneeglöckchen
- 0,50 m Rüschenband „Gritty" weiss
- 0,15 m Vliesofix
- Reissverschluss 40 cm lang
- Kisseninlett 45 x 45 cm
- Textilkleber

Zuschnitt (inkl. 1 cm Nahtzugabe)
- Zählleinen: 15 x 20 cm
- Leinenstoff graubraun: 47 x 47 cm (Vorderteil) und 2 Stück 47 x 24,5 cm (Rückenteile)

Anleitung

Sticken Sie das Stickmuster mittig im Kreuzstich auf das Leinen und bügeln Sie anschließend das Vliesofix hinter die Stickerei.

Übertragen Sie die Schablone mittig über die Stickerei und schneiden Sie das Oval aus.

Ziehen Sie das Trägerpapier ab und bügeln Sie die Stickerei mittig auf das Vorderteil.

Fixieren Sie das Rüschenband mit etwas Textilkleber auf dem Rand der Stickerei und steppen Sie anschließend die Kante ab.

Nun kleben Sie das Webband rundherum ca. 7 cm vom Rand entfernt auf das Vorderteil. Steppen Sie es an beiden Seiten knappkantig fest.

Nähen Sie zwischen die beiden Rückenteile den Reißverschluss.

Legen Sie Vorder- und Rückenteil rechts auf rechts und nähen Sie die Teile rundherum zusammen.

Wenden Sie den Kissenbezug, bügeln Sie ihn und beziehen Sie das Kisseninlett.

Hallo meine Freunde! Die Zeit ist davon gebraust wie ein rasender Zug. Und Lupinchen ist wieder da! Stellt Euch vor, an Weihnachten saß er plötzlich unterm Tannenbaum, ganz fein mit einem neuen Hemd und neuer Hose. Ich war so froh, dass ich ihn den ganzen Abend nicht mehr losgelassen habe und bin vergnügt mit ihm um den Baum getanzt.

Und nun freue ich mich schon wieder auf den Frühling. Im Herbst haben wir Blumenzwiebeln eingepflanzt und als ich heute nach draußen gehüpft bin, habe ich plötzlich die ersten Schneeglöckenblüten entdeckt. Die allerersten Blumen sind wirklich das Beste! Sie sind so zart und fein. Und nun schaue ich jeden Tag ganz genau überall nach, ob irgendwo neue grüne Spitzen aus der Erde wachsen. Es gibt so viel zu sehen in unserem Garten, dafür ist hier aber gar kein Platz mehr. Besuch mich doch wieder, dann erzähle ich Dir davon!

Zarte Frühlingsgrüße

Kranz mit Schneeglöckchen

Grösse

› Durchmesser 35 cm

Material

› 0,20 m Leinenstoff mint
› 1,40 m Webband Schneeglöckchen
› 1,40 m Samtband hellgrau 50 mm breit
› 0,75 m Samtband hellgrau 5 mm breit
› Textilkleber

Zuschnitt (inkl. 1 cm Nahtzugabe)

› Leinenstoff: 140 x 20 cm

Anleitung

Kleben Sie das Webband mittig auf dem Samtband fest und das Samtband anschließend mittig auf dem Leinenband.
Nähen Sie das Samtband und das Webband nun knappkantig fest.
Nähen Sie die langen Seiten rechts auf rechts zusammen, mittig lassen Sie eine Wendeöffnung frei.
Bügeln Sie die Nahtzugabe auseinander, legen Sie die Naht mittig und nähen Sie anschließend die kurzen Seiten etwas spitz ab.
Schneiden Sie die Nahtzugabe zurück, wenden Sie das Band und schließen Sie die Wendeöffnung.
Legen Sie das Band um den Kranz und binden Sie es mit dem schmalen Samtband zusammen.

Stickanleitungen

Symbol	Farbe
▥	2002
▬	3991
—	4010
∴	3006
■	3990

Kreuzstich

Halber Kreuzstich

Knötchenstich

Steppstich

Gestickt wird 1-fädig im Kreuzstich mit deutschem Baumwollgarn der Firma Vaupel & Heilenbeck.

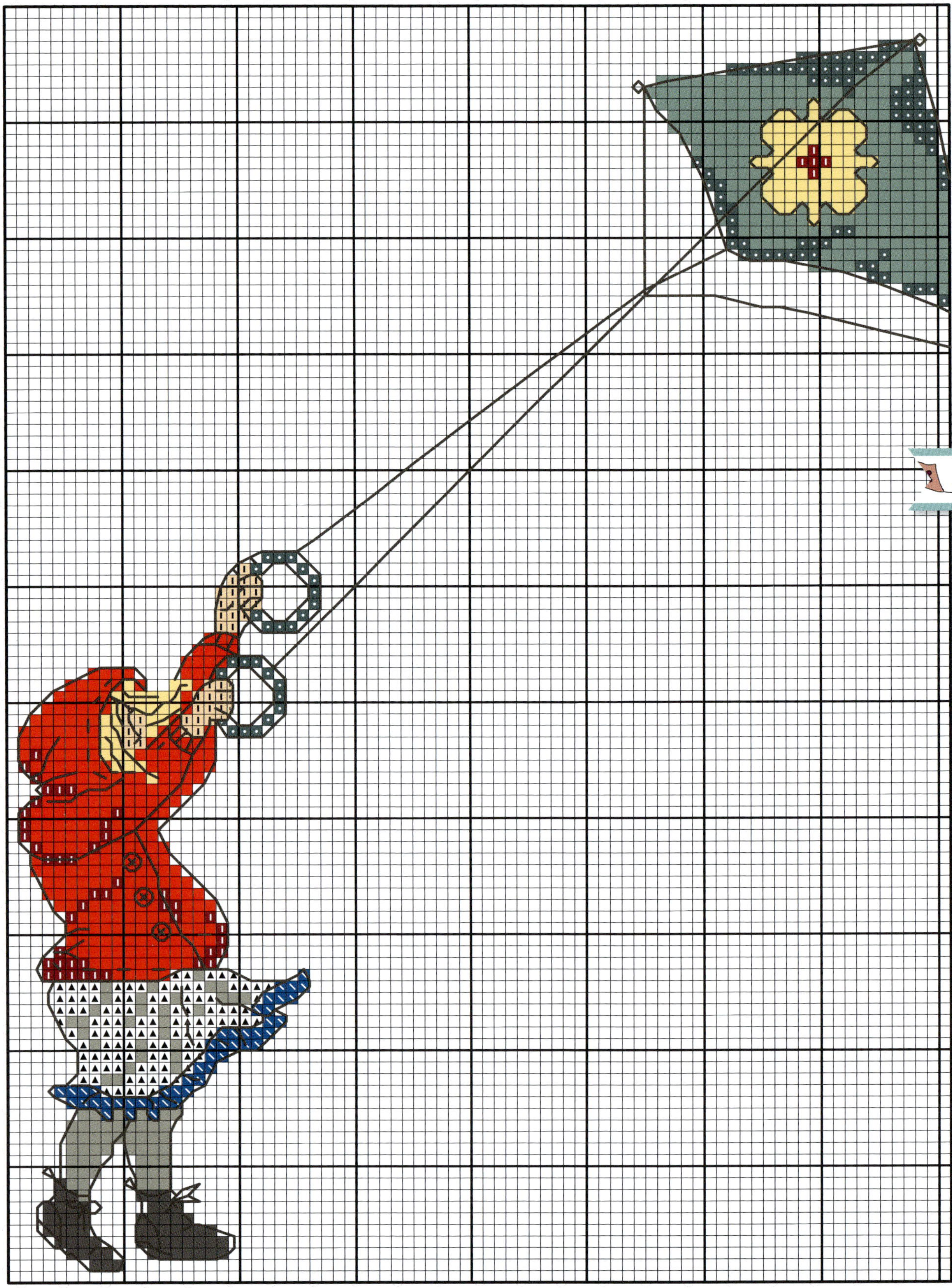

4009	3732	4076	3979	4002	3532	1485
3993	3006	2088	3975	1400	4010	

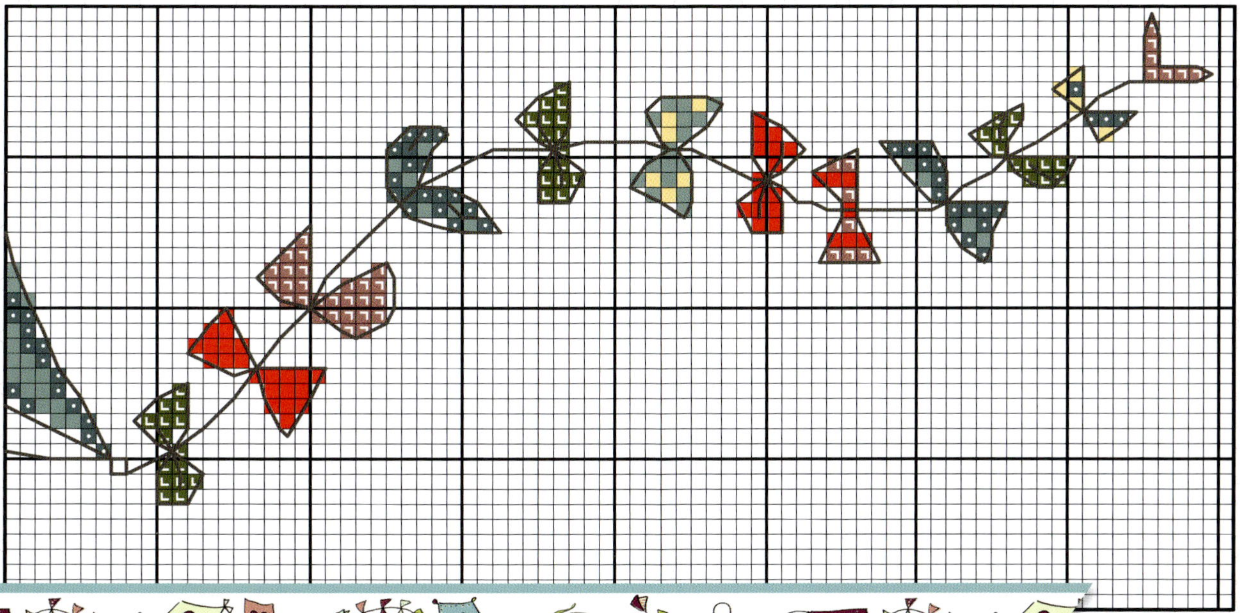

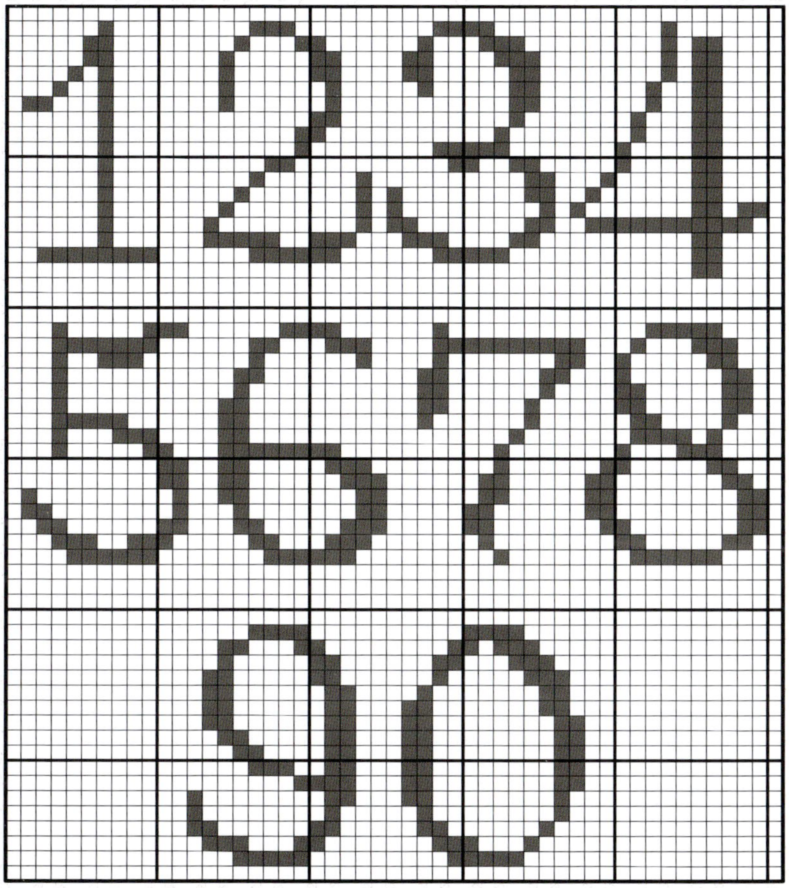

■ 1400 Zahlenpaare im Abstand von 1 Kreuz sticken

3006	4038	4002	4010
4076	4023	3732	
3532	3152	4071	

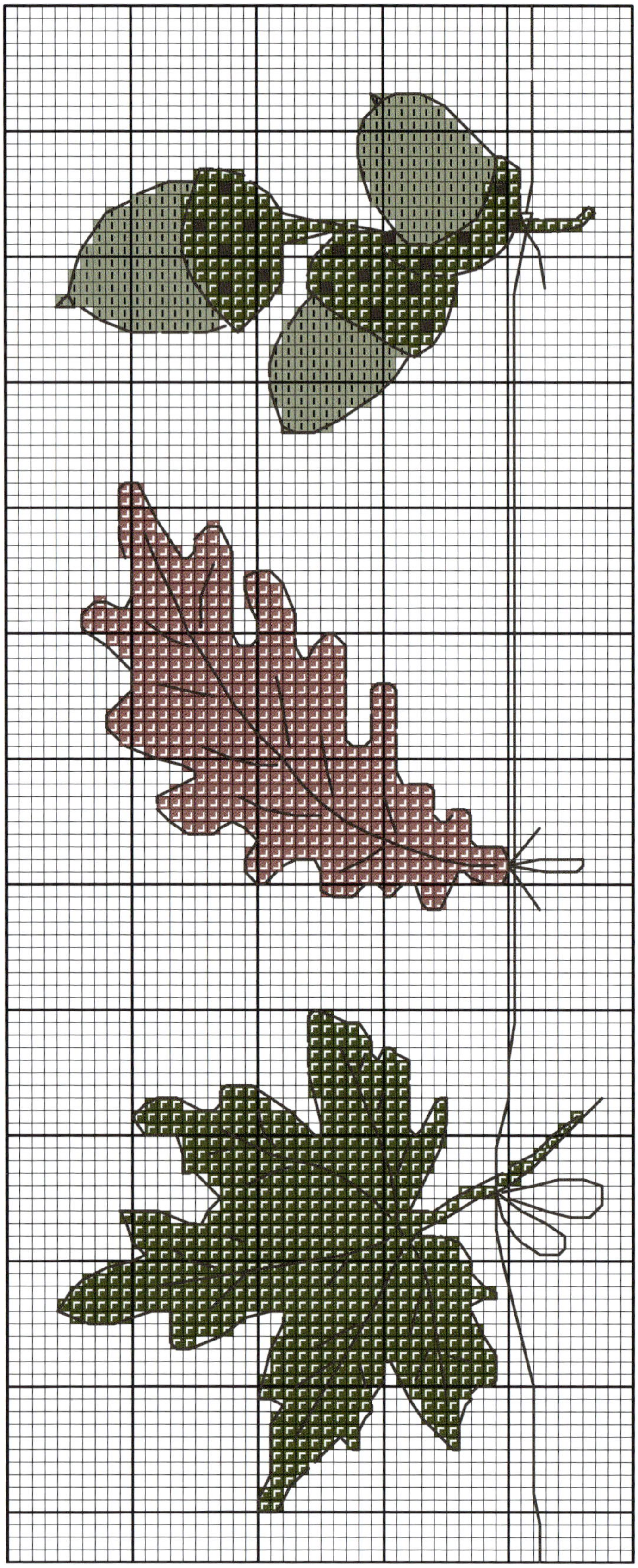

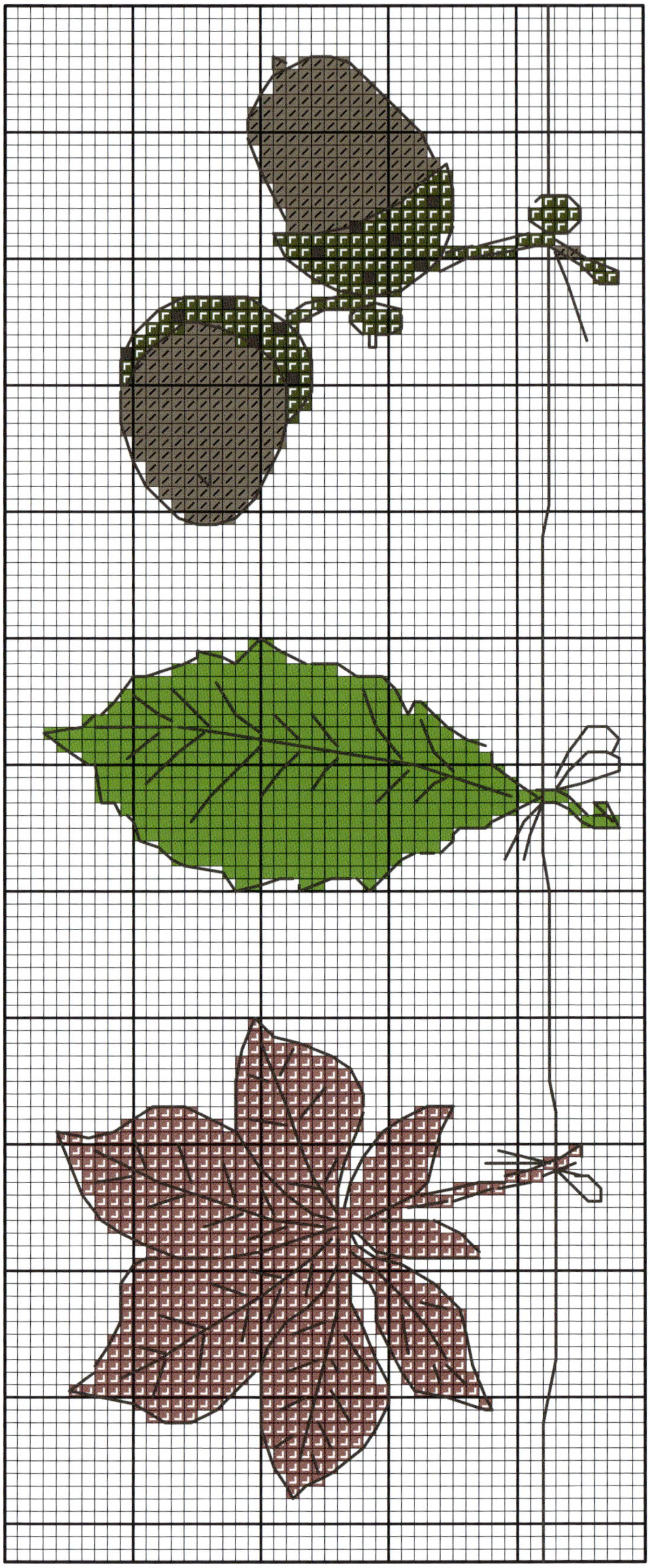

- 3532
- 3732
- 4043
- 3101
- 1007
- 4010

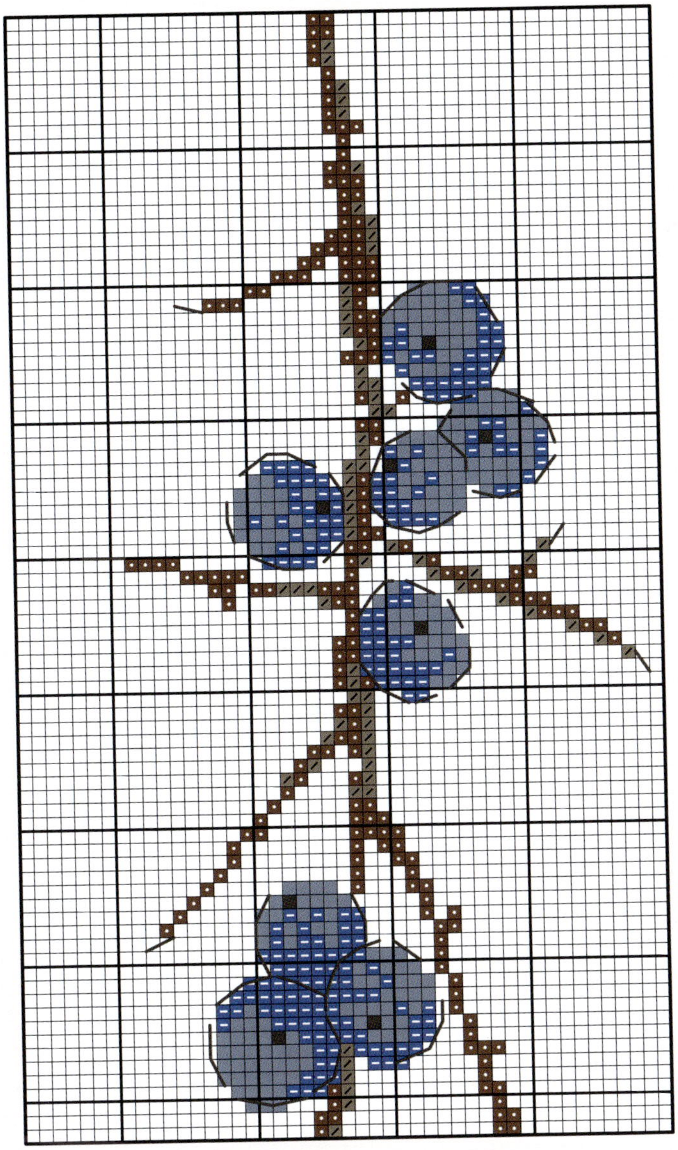

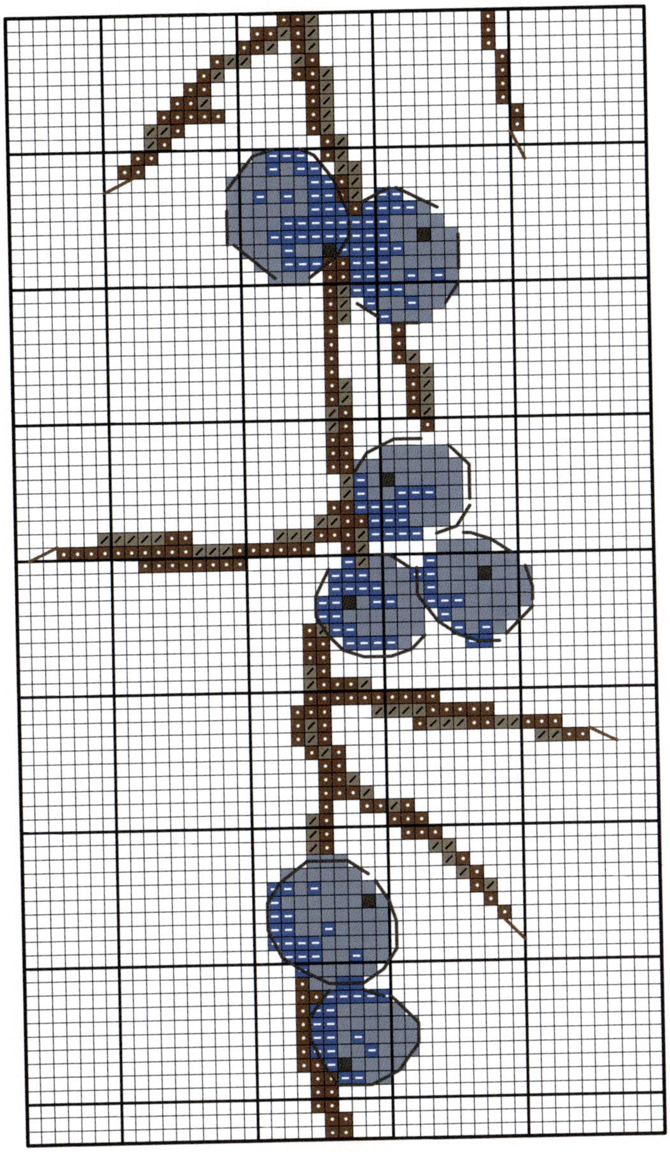

4010
3822
2012
3152
1007

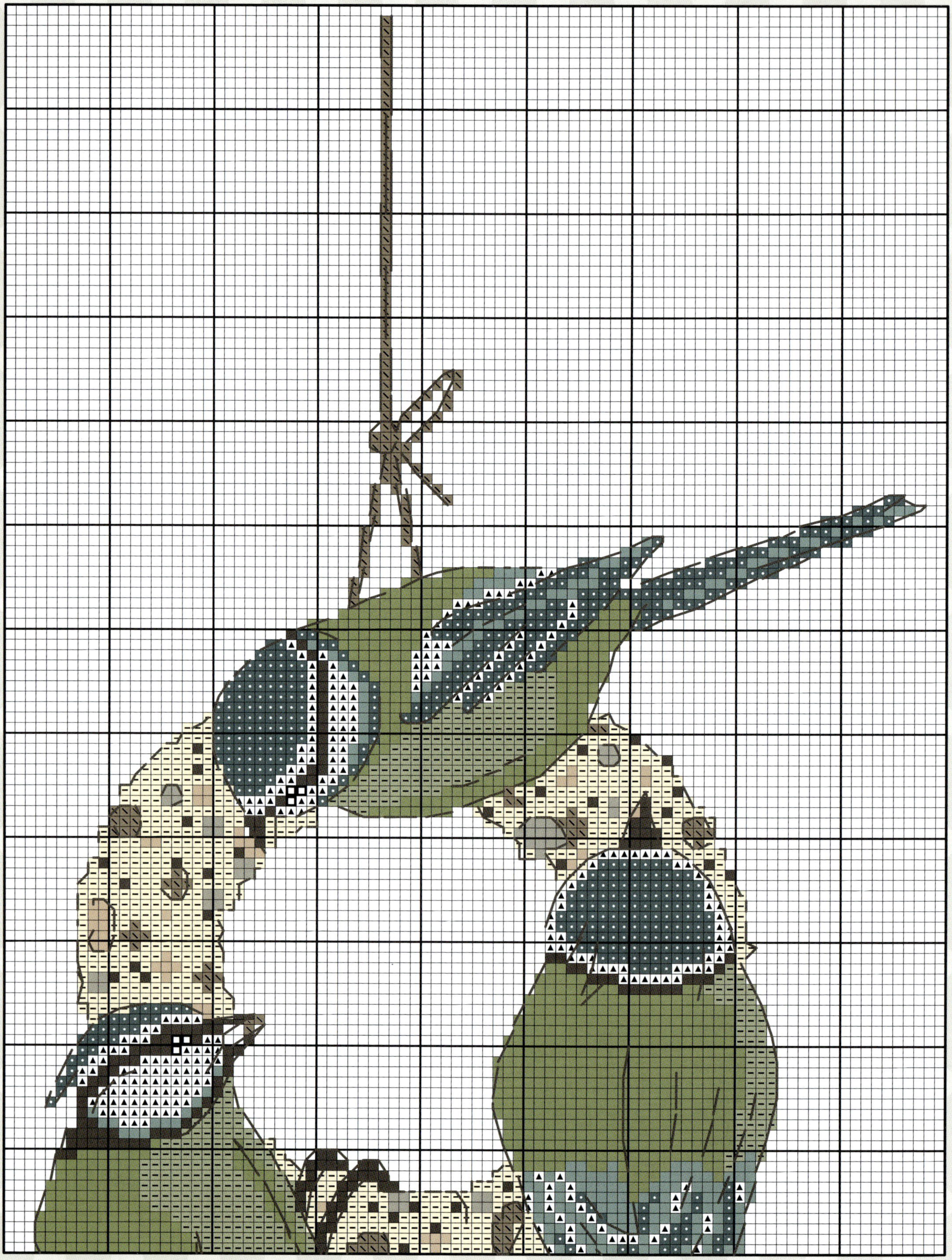

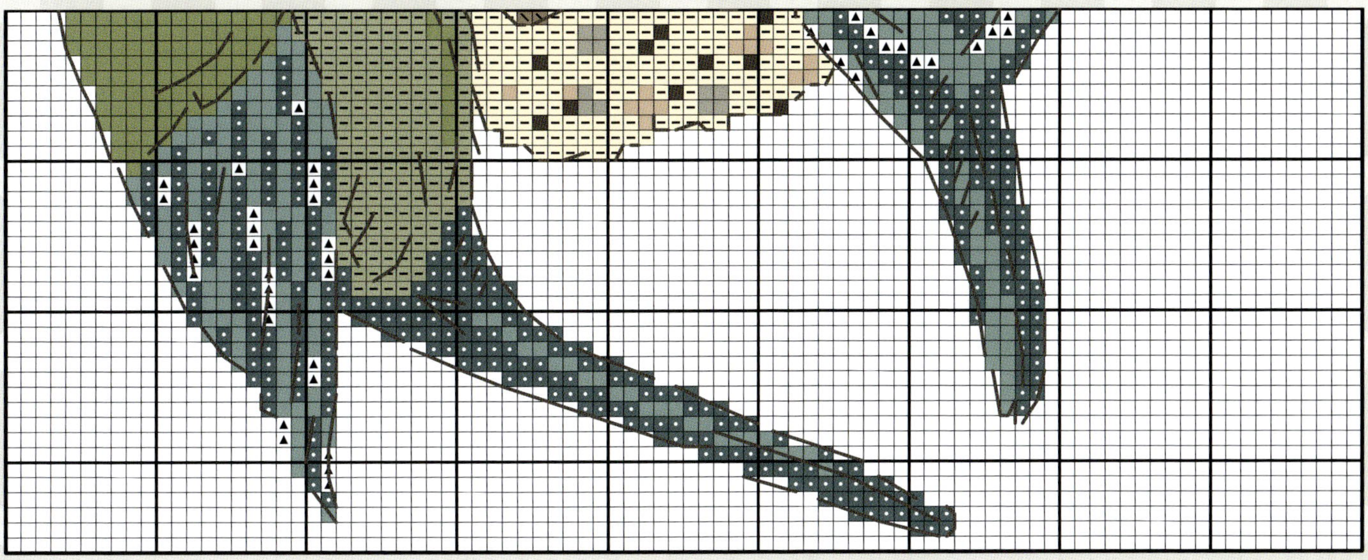

3006 | 3042 | 3975 | 4002
4029 | 4010 | 3979 | 1222
1007 | 4043 | 4031

3006 | 3001 | 3152 | 3975 | 2002
4031 | 4004 | 3042 | 3979

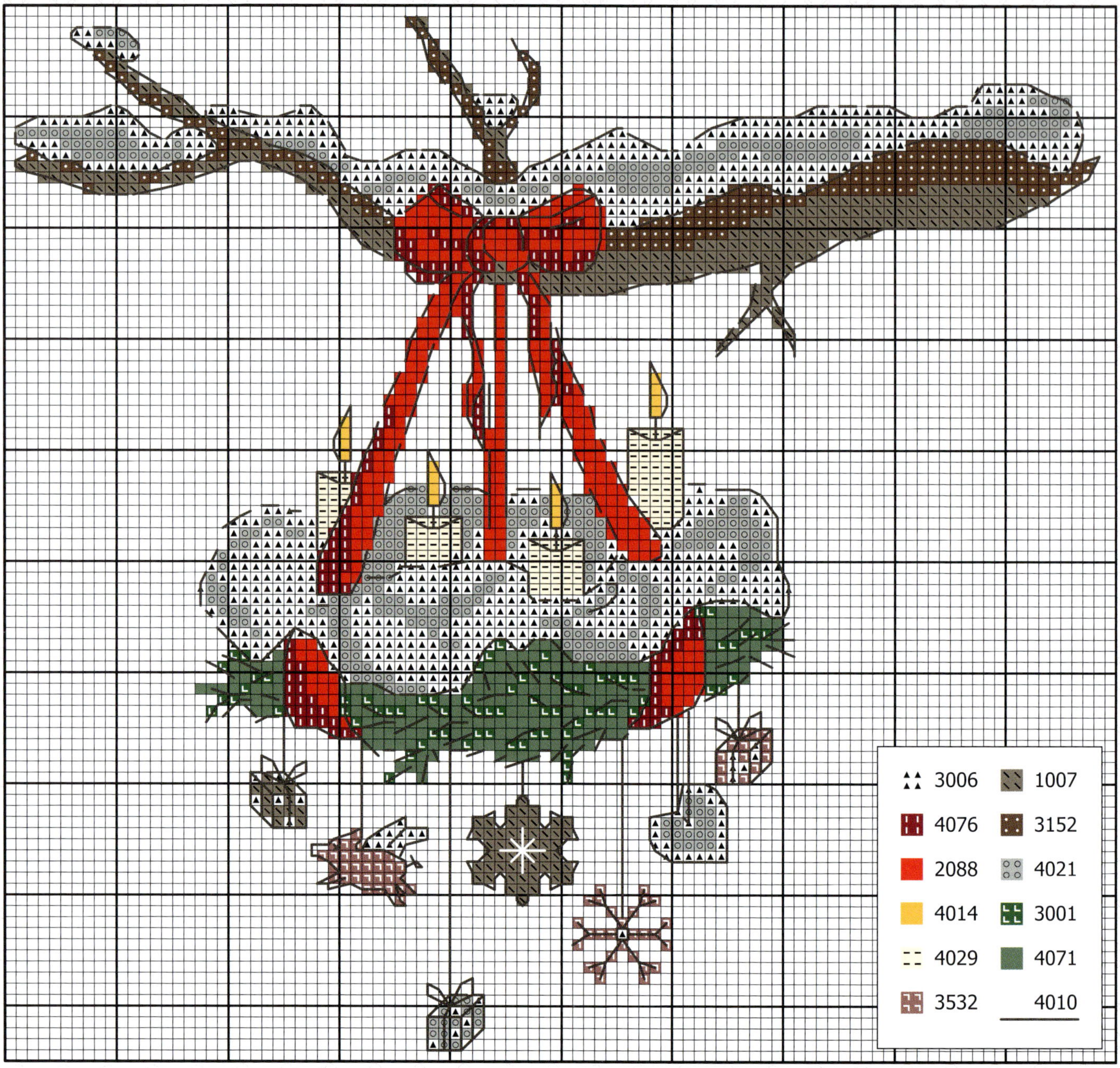

Symbol	Color	Symbol	Color
▲▲	3006	▧	1007
▦	4076	▦	3152
■	2088	○○	4021
■	4014	▦	3001
╌	4029	■	4071
▦	3532	──	4010

Symbol	Color
∶∶	3006
╌	4029
■	4009
▦	4043
■	4023
▦	3152
──	4071
──	3001
● ──	4010

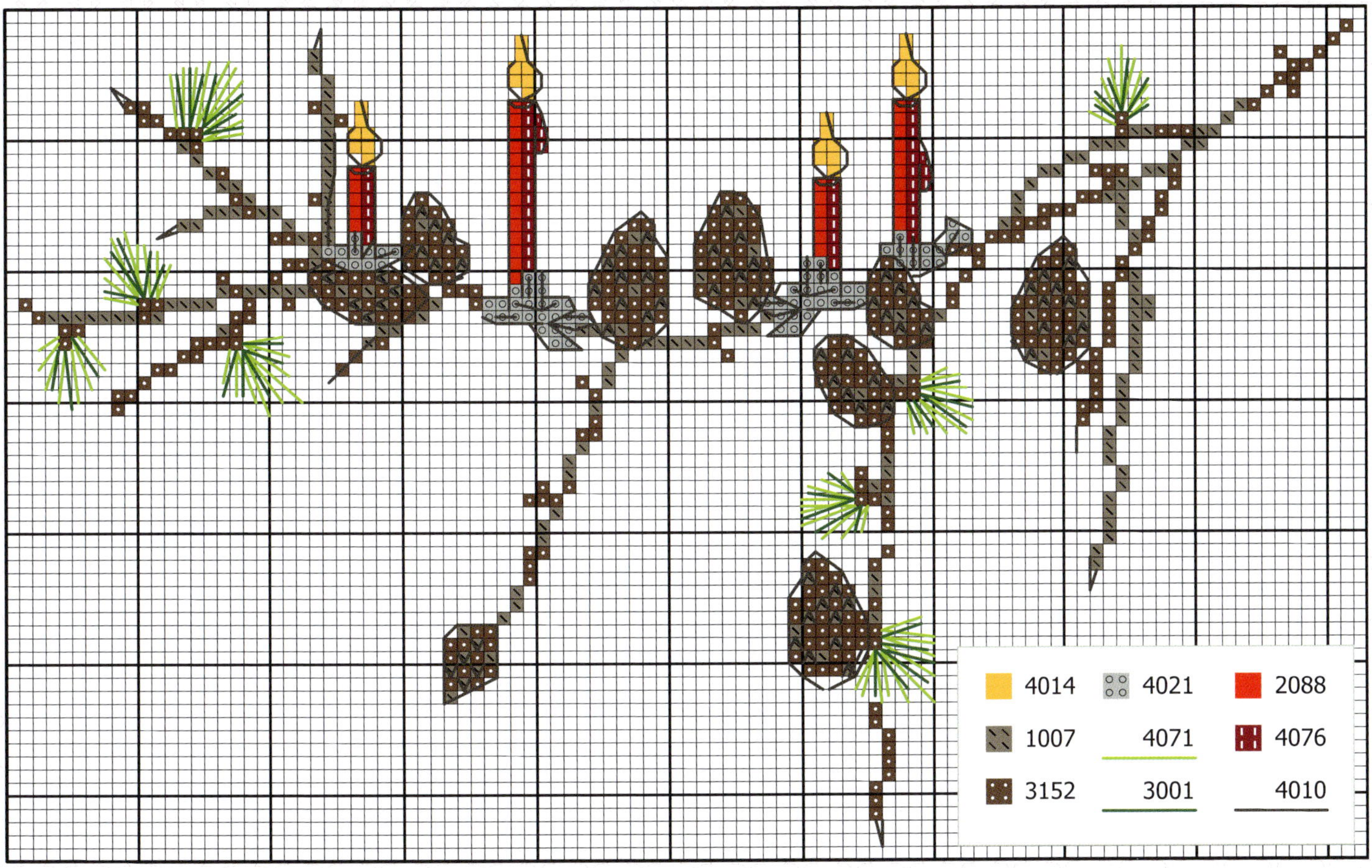

4014 · 4021 · 2088
1007 · 4071 · 4076
3152 · 3001 · 4010

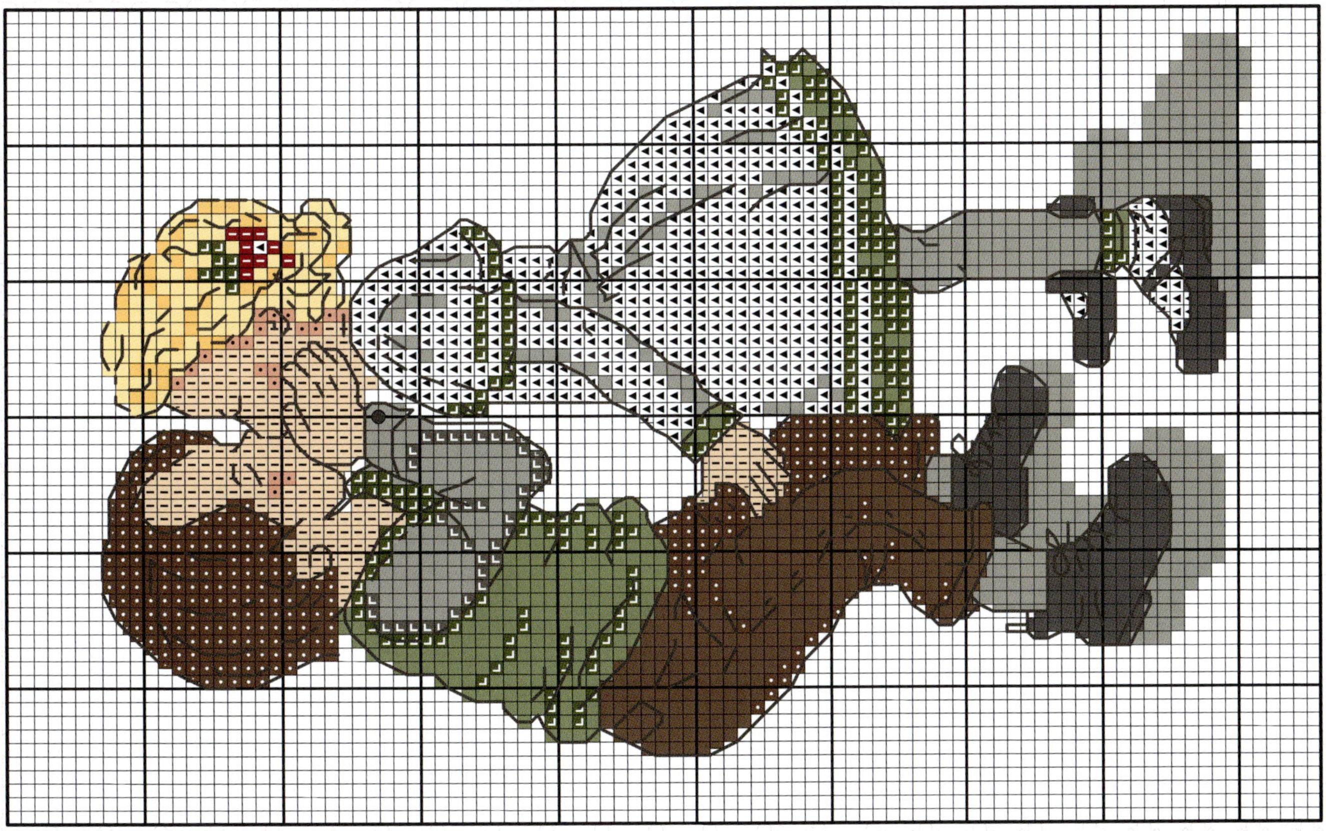

3993 · 2051 · 4002 · 4076 · 4006 · 4010 · 4009 · 4031 · 3732 · 4023 · 3152 · 4003 · 1400 · 3006

Symbol	Color	Symbol	Color	Symbol	Color	Symbol	Color	Symbol	Color	Symbol	Color
	4004		4021		4023		4031		2012	———	4010
	3006		1007		3152		3975		2045		

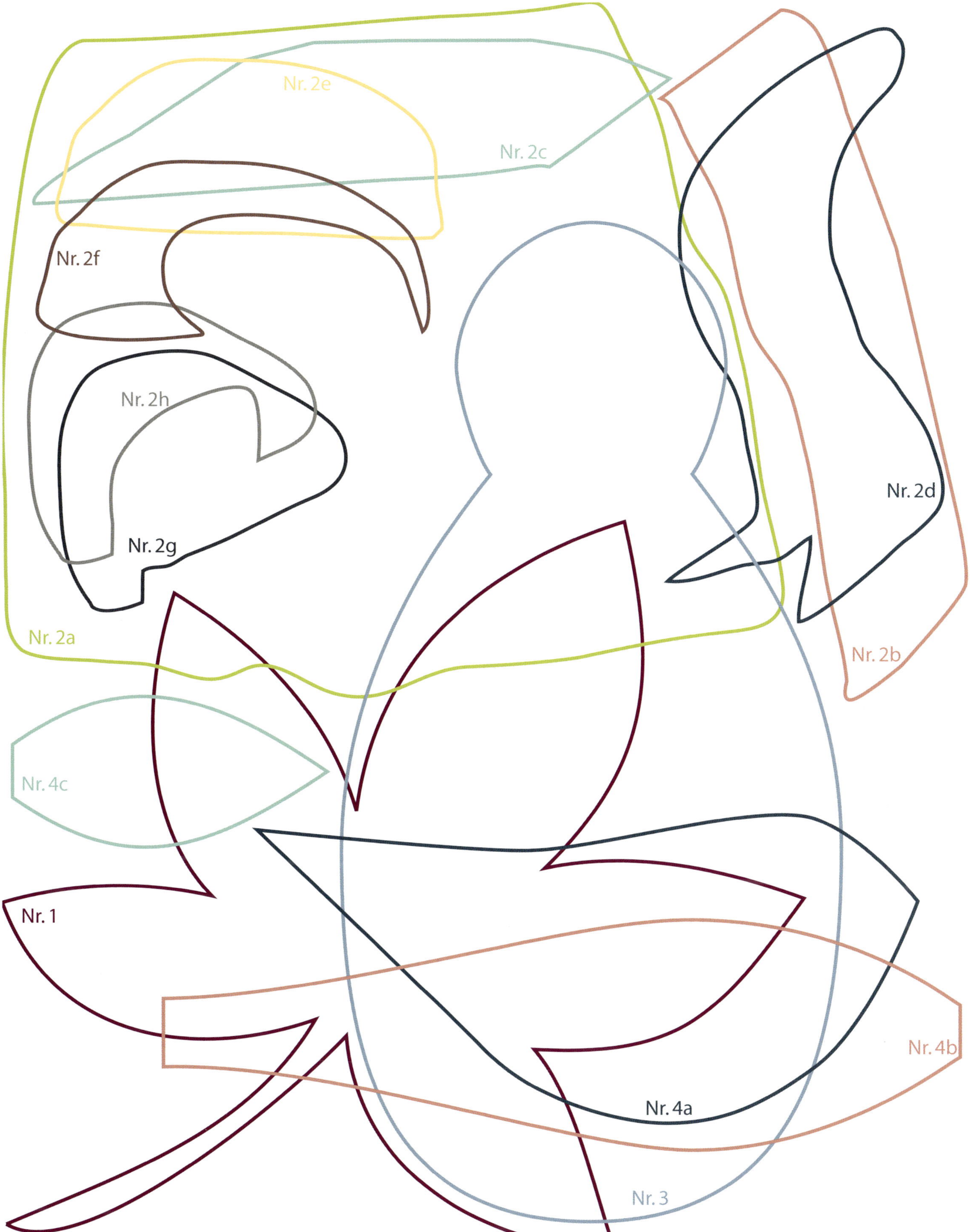
Nr. 2e
Nr. 2c
Nr. 2f
Nr. 2h
Nr. 2g
Nr. 2a
Nr. 2d
Nr. 2b
Nr. 4c
Nr. 1
Nr. 4b
Nr. 4a
Nr. 3

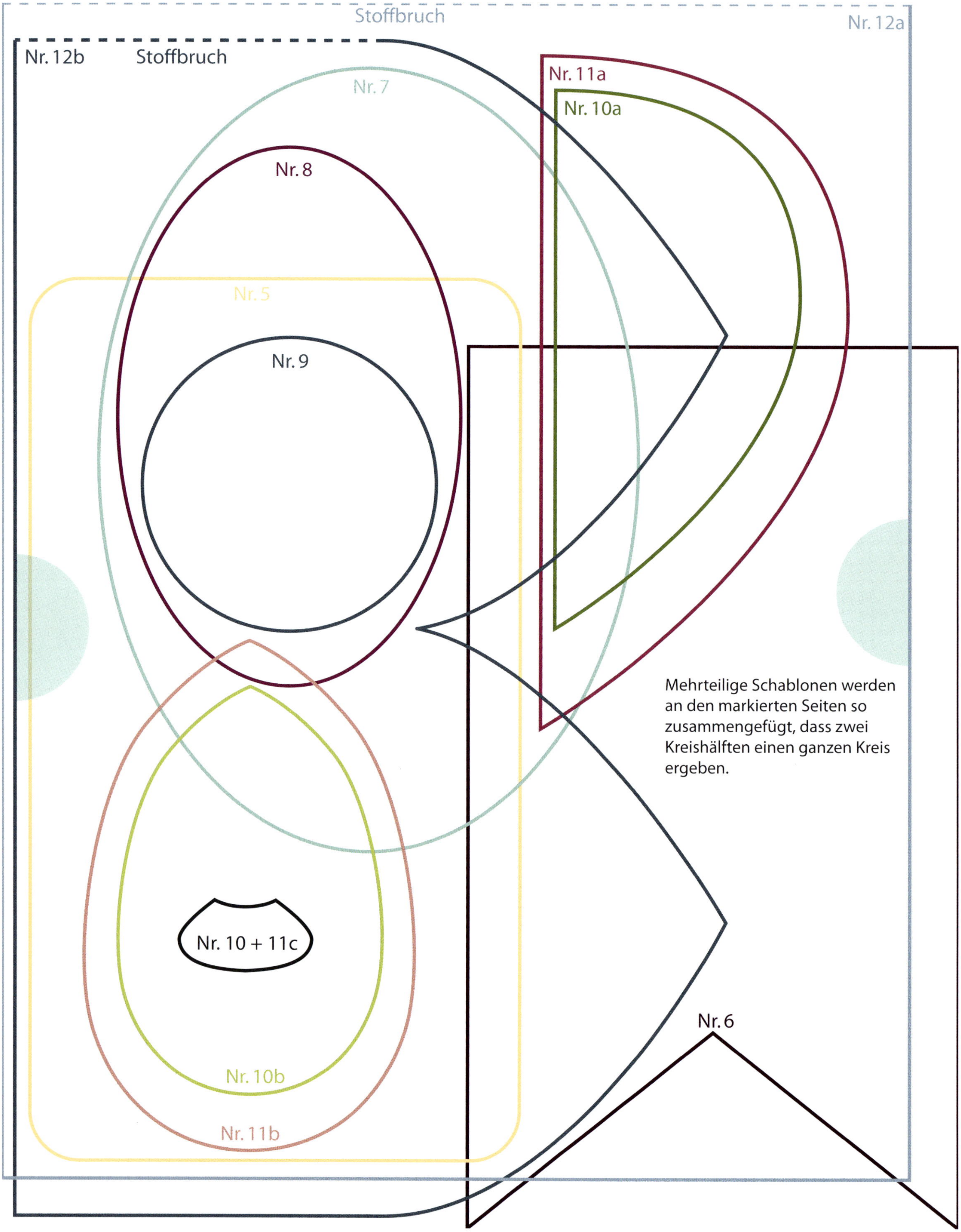

Mehrteilige Schablonen werden an den markierten Seiten so zusammengefügt, dass zwei Kreishälften einen ganzen Kreis ergeben.

Mehrteilige Schablonen werden an den markierten Seiten so zusammengefügt, dass zwei Kreishälften einen ganzen Kreis ergeben.

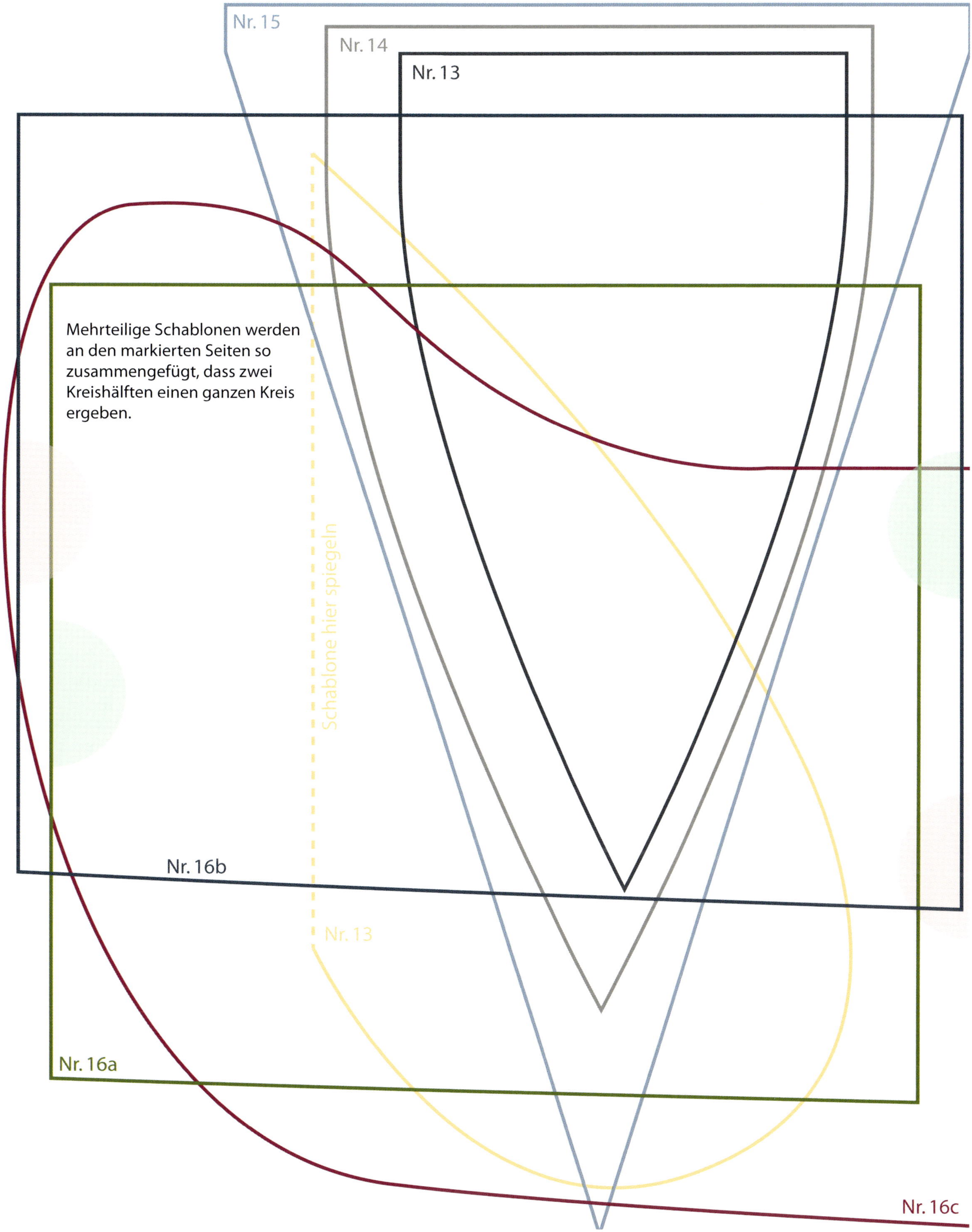

Nr. 25a
Nr. 25b
Nr. 22
Nr. 21
Nr. 17
Nr. 18
Nr. 20
Nr. 25c
Nr. 24
Nr. 25d
Nr. 19
Nr. 23

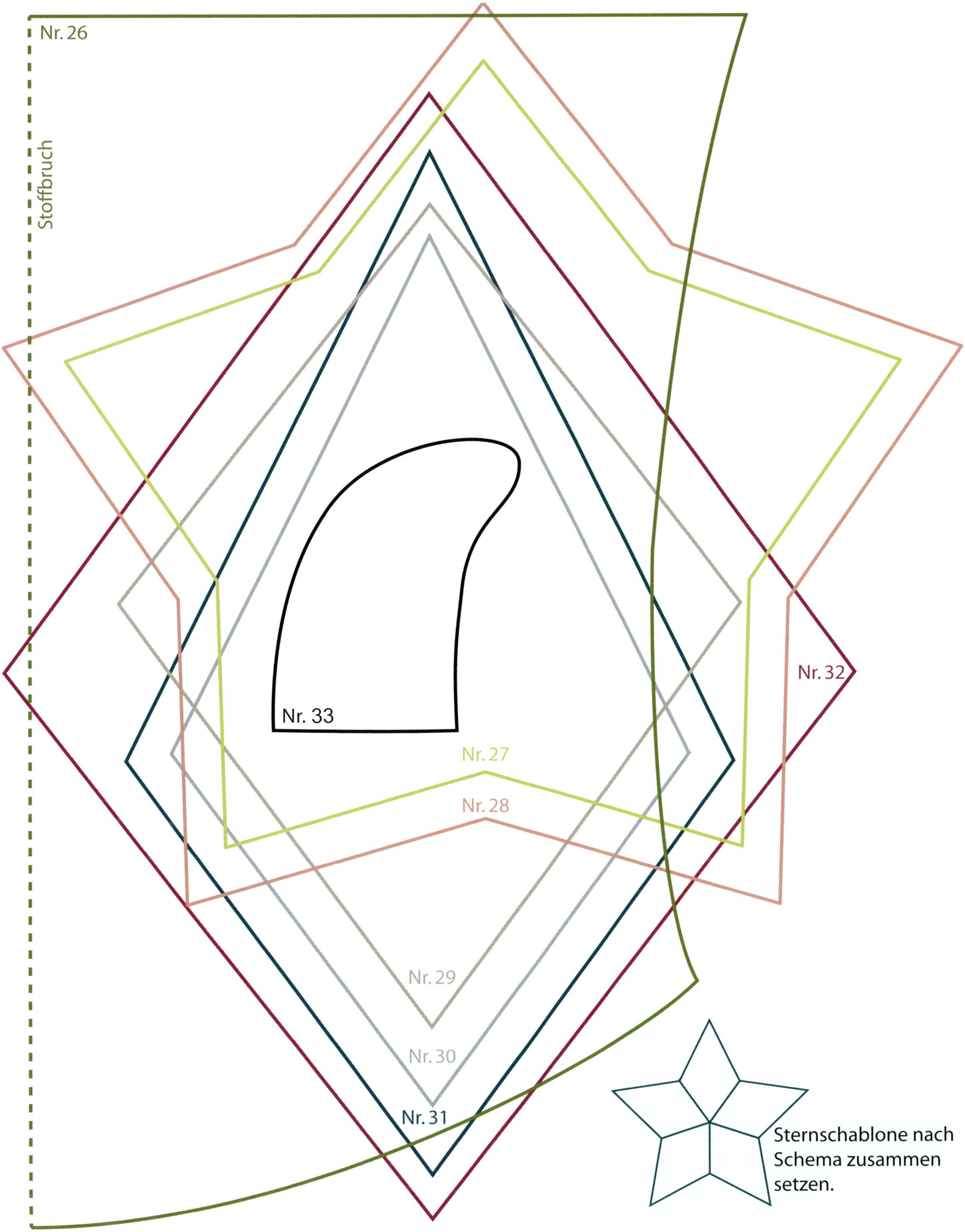

Sternschablone nach Schema zusammen setzen.

STICKPACKUNGEN

WEBBÄNDER

ETIKETTEN

PORZELLAN

GRUSSKARTEN

GESCHENKPAPIERE

BÜCHER & KALENDER

NOTIZ-
BLÖCKE

Liebevolle Produkte für dich und mich

All unsere Lupinus-Produkte werden mit Liebe und Bedacht für Sie in Deutschland hergestellt. So zum Beispiel auch die feinen Webbänder und Webetiketten. Jede Illustration wird per Hand von Experten auf das hochwertige Fine Bone China Porzellan aufgebracht. Die Stickpackungen manuell erstellt und auch die Papeterie-Produkte (wie auch dieses Buch) in Deutschland gedruckt.

Sehen Sie die Fülle an Produkten auf unserer Homepage oder fragen Sie in Ihrem Fachhandel danach. Die komplette Lupinusserie und noch vieles mehr finden Sie im Blätterkatalog auf unserer Homepage.
www.acufactum.de
blog.acufactum.de
www.facebook.com/acufactum.utemenze
www.pinterest.com/acufactum/

1. Auflage 2015
Herausgeberin: Ute Menze
Verlag acufactum Ute Menze
Buchenstraße 11 • 58640 Iserlohn-Hennen
Tel.: 0 23 04 9 10 97 -0 • Fax: 0 23 04 9 10 97 -26
E-Mail: info@acufactum.de
Internet: www.acufactum.de

Idee & Konzept: **Meike Menze-Stöter**
Textile Entwürfe: acufactum, Iserlohn
Strickentwürfe: **Eva-Maria Maier**, Weingarten
Wendemütze und -schal, **Britta Pöhlmann**, Iserlohn
Fotografie: **Lillemor & Rosenresli | Michèle Brunnmeier**
Gestaltung und Satz: **LUPINUS SALON | Antje Therés Kral**
Illustrationen im Buch, sowie Stickmuster nach Illustrationen von **Antje Therés Kral**
Druck: Mohn Media Mohndruck GmbH, Gütersloh
ISBN 978-3-940193-39-1

Wichtiger Hinweis
Die im Buch veröffentlichten Ratschläge wurden vom Verlag sorgfältig geprüft. Eine Garantie kann jedoch nicht übernommen werden. Ebenso ist eine Haftung des Verlags für Personen-, Sach- oder Vermögensschäden ausgeschlossen. Abweichende Farben können drucktechnisch bedingt sein.

Bibliografische Information Deutsche Nationalbibliothek
Die Deutsche Nationalbibliothek verzeichnet diese Publikation in der Deutschen Nationalbibliografie; detaillierte bibliografische Daten sind im Internet über http://d-nb.de abrufbar.

Dank an unser gesamtes acufactum-Team für Euren Einsatz!

1
2
3
4
5
6
7
8
9
10
11
12
13
14
15
16
17
18
19
20
21
22
23
24